CULTURE Y CULTURA
CONSEQUENCES OF THE U.S.-MEXICAN WAR,
1846-1848

Iris H.W. Engstrand

Richard Griswold del Castillo

Elena Poniatowska

Autry Museum of Western Heritage
Los Angeles, California

ISBN: 1-882880-05-6

Project Manager: Suzanne G. Fox
Graphic Designer: Jon Cournoyer

Front Cover: Daniel DeSiga. *Campesino*, 1976. Oil on canvas; 50 1/2 x 58 1/2 inches. Courtesy of the artist. Collection of Alfredo Aragón. Photograph courtesy of UCLA at the Armand Hammer Museum of Art and Cultural Center, Los Angeles, California.

Back Cover: *John Charles Fremont's Personal Battle Flag*, 1842. Courtesy of the Southwest Museum, Los Angeles California.

"A New Flag"

Las Vegas, New Mexico
August 15, 1846

I have more troops than I need to overcome any opposition
which you may be able to make against us . . . .
> General Kearny

Unbending in the sun, he faced
East, then West. Faced North, then
South. All directions met his eyes
in stillness. He climbed atop
the highest roof, and with a breath

erased the former borders. The old
dispensation, banished. Mexico's
claims as false as the claims of
the Navajo. *We come as protectors,
friends to the quiet and peaceful.*

The brown eyes of the town
were gathered to pay homage
to the new Cortés. The masses
in the plaza lifted their eyes
to see the eagle and serpent fall

like a tired sun. The new flag
rose great in the sky, blue as
the eyes of the general, red as
the skin of the Indian, white as
the bones of the dead. The new

priest gave his blessing:
absolved them of their mortal
sin, the allegiance to Mexico
forgiven. The anointed general
stood, the troops and cannons

behind. *We will disturb
nothing, not a pepper, not an
onion.* A woman knelt before him.
The general, moved by her faith,
her humble gesture. She hid her

clenched fists, and cursed him
under her breath: *Not a pepper,
not an onion.* She raised her
eyes toward the god: *It is not
for the crops that I kneel.*

Benjamin Alire Sáenz

CONTENTS

A GATHERING PLACE

The term *ateneo de cultura* describes a forum or gathering place in Spanish-speaking communities where literature, art, politics and social issues are discussed. With the publication of *Culture y Cultura: Consequences of the U.S.-Mexican War, 1846-1848*, the Autry Museum of Western Heritage adopts the spirit of *ateneo de cultura* by providing an environment in which the public can deal with topics that differ greatly. Such topics may be of aesthetic interest; they may be fun. More importantly, those topics may be profound or controversial or stimulating.

Along with museum galleries, books also are forums for expressing ideas that arise from examining art and artifacts. In such arenas, different cultural and intellectual perspectives can be expressed, and understanding can grow.

There are really two products titled *Culture y Cultura* that evolved from an idea developed by the Autry Museum's assistant curator, Theresa González. The first, which differs slightly in title from the second, is a major exhibition, curated by González and opened at the Autry Museum in the summer of 1998. Titled *Culture y Cultura: How the U.S.-Mexican War Shaped the West*, it will also be produced as a traveling panel version for libraries and cultural centers throughout the Southwest. The purpose of this exhibition is to address the significant historical forces that have determined what it means to be Mexican American. The U.S.-Mexican War is one of the most important forces that shaped that identity. The Treaty of Guadalupe Hidalgo, which ended the war, still affects people's lives today. Generally, the exhibit examines the key cultural, economic, social, political, mythical and religious forces that helped form and develop the Mexican American character. It also examines the Mexican American struggle for equality.

Although the volume titled *Culture y Cultura: Consequences of the U.S.-Mexican War, 1846-1848* is not a catalogue for the exhibition, it includes similar components. The book begins with Benjamin Alire Sáenz's evocative poem "A New Flag" and moves to Iris Engstrand's discussion of the region from the Spanish colonial period through the Mexican revolution in the early 20th century and Richard Griswold del Castillo's examination of the lasting effects of the Treaty of Guadalupe Hidalgo on contemporary life. Finally, Mexican journalist Elena Poniatowska's passionate and angry essay reminds us that the past is not merely prologue to the present, that though a war that ended 150 years ago may be largely forgotten, its consequences still govern the lives of those along the territory that became the U.S.-Mexican border.

Just as the objects selected to illustrate *Culture y Cultura* are snapshots of the people, objects and events of the U.S.-Mexican War and its aftermath, these essays are meant to serve as primers. Just as they reflect dialogue in the sense of the *ateneo*, we hope that readers will engage in further reading and dialogue of their own.

At a recent professional meeting, Miguel Breto from the Smithsonian Institution expressed regret that there were no plans for a major exhibition on the 150th anniversary of the U.S.-Mexican War. Unaware at the time of the Autry Museum's efforts, Breto concluded that an important opportunity had been lost. *Culture y Cultura* was developed with the intention that neither the exhibit nor the book should be viewed as ends in themselves. Focus groups conducted for the museum by the firm of Contreras-Sweet Communications in Los Angeles proved that both within and outside the local Mexican-American communities, there was little knowledge of the war and its legacy. At the same time, the participants showed great desire to learn about these events in an environment that encourages divergent viewpoints and perspectives.

The board of directors and the institution's national advisory council have always encouraged the development of exhibits, publications and programs that encourage dialogue and understanding. The present project has been made possible through the efforts of Theresa González, assistant curator, and Getty intern Patricia Salinas. The book was produced by Suzanne Fox, publications director. Dr. Kevin Mulroy, director of the research center at the Autry Museum, Michael Duchemin, curator of history, and Michael D. Fox, curatorial assistant, all contributed to the evaluation and development of this volume.

Joanne D. Hale
President and Chief Executive Officer

James H. Nottage
Vice President and Chief Curator

UN LUGAR DE REUNION

El término *ateneo de cultura* describe un foro o lugar de reunión en las comunidades hispanoparlantes en donde se discute sobre la literatura, el arte, la política y los temas sociales. Con la publicación de *Culture y Cultura: Consequences of the U.S.-Mexican War, 1846-1848*, el Autry Museum of Western Heritage adopta el espíritu de *ateneo de cultura*, proporcionando un entorno en que el público puede discutir temas que difieren grandemente. Estos temas pueden ser de interés estético o pueden ser divertidos. Lo más importante es que estos temas pueden ser profundos, polémicos o estimulantes.

Junto con las galerías de los museos, los libros también son foros para expresar las ideas que surgen después de examinar el arte y los artefactos. En tales arenas, pueden expresarse las distintas perspectivas culturales e intelectuales y puede desarrollarse la comprensión.

Hay realmente dos productos titulados *Culture y Cultura* que evolucionaron de una idea concebida por Theresa González, conservadora auxiliar del Autry Museum. El primer producto, cuyo título difiere ligeramente del segundo, es una exhibición principal de la que González fue conservadora y que se expondrá en el Autry Museum durante el verano de 1998. Titulada *Culture y Cultura: How the U.S.-Mexican War Shaped the West*, también se producirá en una versión de panel transportable para poderse exhibir en las bibliotecas y centros culturales a través del suroeste. El fin de esta exhibición es recordar las importantes fuerzas históricas que han determinado lo que significa ser mexicoamericano. La guerra americomexicana es una de las fuerzas más importantes que han dado forma a esa identidad. El Tratado de Guadalupe Hidalgo, que puso fin a la guerra, todavía afecta las vidas de la gente en la actualidad. Por lo general, la exhibición examina las fuerzas clave culturales, económicas, sociales, políticas, míticas y religiosas que ayudaron a formar y desarrollar el carácter mexicoamericano. También examina la lucha de los mexicomericanos por alcanzar la igualdad.

Aunque el volumen titulado *Culture y Cultura: Consequences of the U.S.-Mexican War, 1846-1848* no es un catálogo de la exhibición, incluye componentes similares. El libro comienza con el evocativo poema de Benjamín Alire Sáenz "A New Flag" y pasa a la discusión que hace Iris Engstrand de la historia de lo que es ahora el suroeste americano, desde el período colonial español a través de la revolución mexicana a principios del siglo 20 y al examen por Richard Griswold del Castillo de los efectos duraderos del Tratado de Guadalupe Hidalgo sobre la vida contemporánea. Finalmente, el ensayo apasionado y enfurecido de la periodista mexicana Elena Poniatowska nos recuerda que el pasado no es solamente un prólogo del presente, que aunque la guerra que se terminó hace

150 años puede haberse olvidado en gran medida, susconsecuencias todavía gobiernan las vidas de aquellos que residen a lo largo del territorio que se convirtió en la frontera americomexicana.

Así como los objetos seleccionados para ilustrar *Culture y Cultura* son fotografías de la gente, objetos y eventos de la guerra americomexicana y sus consecuencias desastrosas, estos ensayos tienen la intención de servir de libros de estudio primarios. Al igual que reflejan el diálogo en el sentido de un *ateneo*, esperamos que los lectores se involucren en la lectura y diálogo adicionales por sí mismos.

En una reciente reunión de profesionales, Miguel Breto de la Smithsonian Institution se lamentó de que no se habían hecho planes para celebrar una importante exhibición con motivo del 150 aniversario de la guerra americomexicana. Desconociendo entonces los esfuerzos del Autry Museum, Breto concluyó que se había perdido una gran oportunidad. *Culture y Cultura* se desarrolló con la intención de que ni la exhibición ni el libro debían considerarse como finalidades en sí mismas. La empresa Contreras-Sweet Communications de Los Angeles organizó grupos de enfoque para el museo que demostraron que tanto dentro como fuera de las comunidades mexicoamericanas locales eran pocos los conocimientos que se tenían sobre la guerra y su legado. Al mismo tiempo, los participantes expresaron un gran deseo de aprender más sobre estos eventos en un entorno que aliente la expresión de puntos de vista y perspectivas divergentes.

La junta de directores, Gene y Jackie Autry y el consejo asesor nacional de la institución siempre han alentado el desarrollo de documentos, publicaciones y programas que fomenten el diálogo y el entendimiento. El proyecto actual ha sido posible realizarlo gracias a los esfuerzos de Theresa González, conservadora auxiliar, y de Patricia Salinas, interna de Getty. El libro fue producido por Suzanne Fox, directora de publicaciones. El Dr. Kevin Mulroy, director del centro de investigación en el Autry Museum, Michael Duchemin, conservador de historia, y Michael D. Fox, conservador auxiliar, contribuyeron a la evaluación y desarrollo de este volumen.

Joanne D. Hale
Presidente y Ejecutiva en Jefe

James H. Nottage
Vicepresidente y Conservador en Jefe

THE IMPACT OF THE
U.S.-MEXICAN WAR
ON THE SPANISH SOUTHWEST

Iris H. W. Engstrand

No one who spends any time in the Southwest today can fail to notice the legacy of Spain and Mexico, manifested so clearly in place names, architectural styles, cuisine, music and in a significant segment of the local population. An understanding of the past, however, illuminates just how and why this Hispanic influence is so prevalent. From 1519 to 1848, this region experienced patterns of settlement, government, language and customs of a culture rooted in European traditions. Although Spanish soldiers and missionaries encountered a resident native population, their goal was to incorporate these people into a Spanish/Christian way of life, thereby forcing pure Native American traditions into the background. At times the Spaniards, and later other Europeans, treated the natives with kindness; at other times and places they acted with unpardonable cruelty. The natives, in turn, reacted with friendship, indifference or violence. This interaction cannot be measured in terms of the success or failure of either group, but only in the evolution of an ethnically merged people living in the Spanish, Mexican and, finally, American Southwest.

As time passed, other foreigners entered the Southwest, until news of its abundant natural resources, availability of land and economic possibilities attracted enough Americans from the eastern and midwestern United States to inspire yet another conquest–the U.S.-Mexican War. One result of that conflict was that this region, inhabited first by native Americans and later by people of Spanish, Mexican, African, Asian and European descent, became part of the United States overnight. Sadly, the history of any area, and certainly the history of a war, can never be a perfect story. Each participant has a point of view.

The conquest of Mexico between 1519 and 1521, more than the arrival of Columbus in the New World in 1492 or Nuñez de Balboa's discovery of the Pacific Ocean in 1513, is the first in a direct chain of events that led to the settlement of the region stretching from Texas to California. Reports of substantial Indian wealth existing inland from the Mexican gulf coast inspired Diego de Velásquez, Governor of Cuba, to outfit some ships under Hernàn Cortés, a man he thought ambitious and brave enough to tackle the powerful Aztec Indians of central Mexico. Cortés, a native of Spain's rugged western province of Extremadura, led an expedition that faced unparalleled dangers, but reaped greater rewards than any Spain had yet known.

The overwhelming odds against the Spaniards were lessened by the Aztec belief that Cortés might be the legendary feathered serpent Quetzalcoatl, a powerful god who had promised to return from across the sea as a bearded, white man. Montezuma's confusion and unwillingness to anger such an important god caused him to hesitate; the emperor quickly fell into Spanish hands. In addition, the Aztecs, never having seen horses, thought that Cortés' mounted soldiers were terrifying creatures–certainly gods as well. The Spaniards were better armed, with swords, crossbows, guns and cannon, but their psychological advantages were, perhaps, greater. They were also joined by the Tlaxcalans, who hoped to eliminate Aztec domination. When Montezuma was eventually killed by his own people, the remaining Aztecs failed to defeat the Spaniards and their Indian allies. The natives were also plagued by epic scourges of European diseases that spread throughout their confines. By August 1521, the conquest was ended and Cortés, despite heavy losses, became master of the ruined Tenochtitlán. The final bloody siege cost the lives of an estimated 150,000 Indians. Cortés proclaimed Spain's authority, banned human sacrifices, destroyed pagan idols, cleansed the temples of blood, and took over the Aztec treasury.

Between 1521 and the settlement of Baja California in 1697, Spanish soldiers and missionaries extended their influence north and south of the Mexican capital. In her quest to establish an empire that would reach to California and the Southwest, Spain introduced her language, culture, religion and economic activities, including a sea-going trade, cattle and sheep ranching, agriculture and mining, into lands occupied by Native Americans.[1] The nature of this encounter varied greatly from one area to another because of Native American cultural differences, because the region was so geographically diverse, and because the motives of the newcomers ranged from a lust for gold to the saving of souls according to Christian doctrine.

Spanish movement into areas that ultimately would become part of the United States generally was motivated by the search for mineral wealth, the protection of Spanish national interests from French and other intrusions, and efforts to convert native peoples to the Catholic faith. In 1528-1536, Alvar Nuñez Cabeza de Vaca traveled through the center of what would become Texas, establishing the first encounter between Europeans and Native Americans in the Southwest. Shortly afterwards, Fray Marcos de Niza and the Moor Estebanico suggested the existence of wealthy pueblos north of Mexico. Viceroy Antonio de Mendoza sent Francisco Vásquez de Coronado to search for the seductive cities of gold in 1540. Over the course of two years, Coronado moved through portions of present-day Arizona, New Mexico, Texas and Kansas.

The first significant Spanish settlements north of Mexico occurred after 1598, when Juan de Oñate moved with more than 100 families into New Mexico. In 1610, his successor as governor, Don Pedro de Peralta, established the provincial capital at Santa Fe. Conflicts between civil and church officials, and fighting with the Apache and Pueblo peoples of the area, culminated in 1680 with the uprising of the Pueblos. The Pueblo Revolt, as it has been called, led to the destruction of Spanish churches and ranches, and the fleeing of survivors from the territory. Spanish authority was re-established in New Mexico by the end of 1692, and although conflicts with native populations continued, the Villa of Albuquerque was founded in 1706. Isolated, impoverished and limited by unsuccessful administrators, New Mexico nevertheless grew slowly.

The few Spanish expeditions that entered the region which would become Texas were of little consequence until reports arrived that Rene Robert Cavelier, Sieur de La Salle, while searching for the mouth of the Mississippi, had established a small settlement at Matagorda Bay in 1685. The French followers of La Salle became discouraged, murdered their leader, and abandoned the area in 1697. Spanish friars moved in and founded a mission on the banks of the Trinity River in 1690. Other French threats drew similar responses from Spanish officials, who ordered a mission and presidio to be built at present-day San Antonio in 1718. Although a town and five more missions were founded by 1731, Texas thereafter received comparatively little attention from Spain. Subsistence ranching and farming continued, and the Spanish population remained small.

The difficulties of Spanish settlement in the Southwest were even more evident in the area that would become Arizona. The search for gold had led to copper and silver discoveries with the expedition of Antonio de Espejo in 1583 and the later founding of rich silver mines near Nogales in 1736. The Jesuit father Eusebio Francisco Kino had introduced agriculture to natives along the Santa Cruz and San Pedro valleys and down the Gila to the Colorado River. By the mid-18th century, the presidios of Terrenate, Fronteras and Janos protected colonists in northern Sonora, while those at Tubac and Tucson were built further to the north in Arizona.

Not until late in 1767 did reports of Russian advancement north of California cause the Spanish king Carlos III sufficient unrest to advise the viceroy of New Spain to investigate the matter. Visitador General José de Gálvez had quietly planned the occupation of Upper California several months before news of the king's concern reached Mexico, but he now magnified the Russian threat to gain needed backing. Sidestepping usual procedures, the visitador convened a governmental junta at the port of San Blas in May 1768, which approved his plan. With Viceroy Marqués de Croix's easily obtained official blessing, Gálvez sailed to La Paz in July, fully prepared to launch a two-pronged land and sea expedition from Lower California to the ports of San Diego and Monterey.

Because the proposed occupation of the northern country was to be spiritual as well as military, the 1769 attempt to settle Upper California was called the "Sacred Expedition." Gálvez left nothing to chance in planning the enterprise. He outfitted four divisions–two by sea and two by land–to start independently but to unite in San Diego. The risks of total failure were thereby greatly lessened.

Gálvez chose capable and experienced leaders destined to contribute significantly to the permanence of California settlement. All received individual instructions about each phase of their projected roles.[2]

The expedition members were cautioned always to "exercise the greatest care not to exasperate or alienate" the Indians. Rather they were to "do everything possible to attract them, to obtain their good will . . . through gifts such as knick-knacks or provisions," but California Governor Gaspar de Portolá was not to diminish his own supply of food for the soldiers of both expeditions.[3] The Franciscan father Junípero Serra oversaw the founding of seven missions by 1776, the year of American independence from England.[4]

Although missions and presidios were the primary institutions founded during California's Spanish period, Governor Felipe de Neve's original settlement plan of 1777 had proposed two civilian pueblos in the province. San José on the Guadalupe River, founded in that year, seemed permanent by 1781, so Neve proceeded with the founding of his second town. Cognizant of the need for an adequate water supply, he chose a site near the banks of the Porciúncula (Los Angeles) River. The first group of colonists destined for Los Angeles sailed across the Gulf of California to Loreto and then to San Luis Gonzaga Bay. They continued overland by way of Mission San Fernando Velicatá, and reached their destination at Mission San Gabriel in Alta California on August 18. Suffering from sickness and exhaustion, the party remained at the mission for a few weeks. Governor Neve ordered distribution of equipment and, on August 26, l781, signed the explicit instructions for founding *El Pueblo de Nuestra Señora la Reina de los Angeles de Porciúncula* (The Town of Our Lady the Queen of the Angels of Porciúncula).[5]

On September 4, 1781, eleven heads of families–two Spaniards, two blacks, one mestizo, two mulattos, and four Indians–traveled with their wives and children (44 persons) from Mission San Gabriel to the level grassy area indicated by Corporal José Vicente Feliz near the Porciúncula River. Not far away they could see low, brown hills covered with a scattering of chaparral and cactus clumps. In the distance rose the high San Gabriel Mountains–clearly visible from the town. Corporal Feliz assigned land to each settler according to a lottery held at the mission.[6] Thus the city of Los Angeles, today the nation's largest in area and second ranking in population, came into being inauspiciously.

Although California, Arizona and New Mexico remained relatively free from discord, uprisings throughout Spanish America resulted from what many considered the oppressive nature of the colonial system, a growing resentment of lower classes against the peninsular Spaniards who held positions of power in the church and state, the infiltration of ideas of the Enlightenment, and the successful example of the American and French revolutions. In addition, conditions in Spain led to further dissension.[7] Though residents of the region knew that movements toward independence had been occurring throughout Spanish colonies further to the south for nearly a decade, they had little firsthand knowledge of either side's progress. Geographically isolated from actual participation, they remained nominally loyal to the mother country until Spain's defeat in 1821.

Miguel Hidalgo, a creole priest, led the first revolt in New Spain in 1810. Instilled with French ideas of natural rights, and inspired by the success of the American Revolution, Hidalgo organized a band largely of Indian peasants and attempted to overthrow the Spanish regime. His initial thrust, begun by the Grito de Dolores at midnight of September 15-16, 1810, is celebrated in Mexico as Independence Day. Captured and executed in 1811, Hidalgo became a martyr to the cause of independence and a hero of the revolutionary struggle. Others took up the fight. Californians felt the effect of this preliminary protest by a decrease in the number of supply ships from San Blas and the stopping of salaries to officials, soldiers, and missionaries. They afterwards relied upon their own produce, illegal trade and assistance from the existing missions.

The invasion of Texas in 1812 by Bernardo Gutiérrez de Lara, an agent for Hildago, was evidence of the longing for independence. Despite Gutíerrez's proclamation that "all legitimate authority shall emanate from the People,"[8] Spain quickly recaptured the province. The cause of Mexican independence was little embraced by the northern frontier. The isolated citizens of New Mexico and Arizona were more interested in survival and their loyalty to Spain than in participating in the fight for Mexico's freedom. The governors of New Mexico and Texas, Facundo Melgares and Antonio Martínez, remained loyal to the Spanish crown. Once Mexico gained its independence, however, the regions pledged allegiance to this new government.

People in the sparsely settled frontier regions of Arizona were only vaguely aware of Mexico's struggle for independence.[9] Some of the Spanish officials simply took the oath of allegiance to the new government, continuing in office throughout the first part of the Mexican period. Residents of Texas followed suit. In Texas, the Mexican population in 1827 numbered only 5,000 out of 15,000 immigrants from the United States. By 1834, on the eve of the war for Texas independence, the Anglo-American population had reached more than 20,000. In New Mexico, the governor still ruled with a strong hand, recruiting local military forces supported by Indian auxiliaries to protect the province from outside attack. By 1821, New Mexico's population, including Pueblo Indians, foreigners and *gente de razon*,[10] was 42,000. Even though the number of inhabitants had reached approximately 57,000 in the mid-1830s, and rose to 65,000 in 1846, they had remained loyal to Mexico.

In California, which had been sustained for a decade by illegal maritime trade, commerce with non-Mexican vessels became legal under the new government and would become a significant factor in the region's future. Nevertheless, some residents had misgivings. "I pray God," wrote Father José Señàn from San Buenaventura, "not to permit these foreigners to take too much of a liking to this province."[11] But foreigners did take a liking to it, entering California first by sea and later by overland trails from the United States. At the time of Mexican independence from Spain, there were approximately 3,500 persons of Hispanic descent (two-thirds of whom were women and children), 20 foreigners, 20,000 mission Indians, and perhaps another 100,000 Indians living throughout the province. During the 25-year span of Mexican control (1821-1846), the non-Indian population of California increased from about 3,500 to some 14,000–but significantly most of the newcomers were foreigners, so that in 1846 only about 7,000 were Spanish speaking.

The other 7,000 consisted primarily of Americans who entered California first as individual traders and then, after 1841, as members of organized immigrant wagon trains that arrived yearly. When Mexico became involved in war with the United States in 1846, these Americans were naturally sympathetic to the cause of their own country and worked with some success to win the native *Californios* over to the American cause. They pointed to the political turmoil characteristic of the Mexican regime in California and praised the benefits of becoming a part of the expanding and progressive United States.[12] They criticized the autocratic methods of Mexico's central government on the one hand, but commented on the lack of effective support and control on the other.[13]

California's Mexican citizenry on their part generally liked and accepted the early foreign immigrants–a composite group including men of American, British, French, German and other nationalities–who married the Spanish-speaking daughters of local families and participated in the economic, social and political life of the province.[14] They became Hispanicized socially and sometimes culturally, but seldom economically, as most held onto a New England work and profit ethic that had propelled them to the region in the first place. In 1830 about 120 foreigners lived in California and that number reached 380 by 1840. Not until Americans arrived in large wagon trains, with their own families, did the *Californios* mistrust and resent their intrusion, although even then the first "*yanqui rancheros*" softened the blow of United States infiltration and conquest.

American economic influence was indeed strong under the Mexican regime, but Mexico's role in directing provincial affairs cannot be dismissed lightly. Problems of distance continued to prevent close communication and supervision, but Mexico's northern provinces suffered no lack of administrative personnel, official directives or legislative pronouncements emanating from Mexico City. In addition, Mexican colonization laws had allowed for a strictly Spanish pattern of settlement, which permitted small municipal enclaves surrounded by extensive ranchos and set Southwestern development apart from territories of the United States.[15]

An important piece of legislation enacted by the new Mexican government was the Colonization Act of August 18, 1824. To populate distant provinces such as California, Arizona, New Mexico and Texas, the act appealed to foreign immigration, offering those who became Mexican citizens free land up to a total of 11 square leagues: one square league that could be considered irrigable, four for dry farming and six for grazing.[16] The land could not be within 20 leagues of an international boundary, nor within 10 leagues of the coast. Although native Mexican citizens, especially veterans, received preference in the distribution of land, the act specified that foreigners who met citizenship requirements were to be given equal treatment. An additional colonization act of 1828 supplemented the decree of 1824 by outlining proper procedures for obtaining a grant through the governor of the respective territory. These new decrees led to a tremendous increase in the number of private ranchos granted, especially in California.[17] Americans had already begun to settle Texas under the liberal empresario grant awarded to Moses Austin in 1820 and carried out by Stephen Austin during the early Mexican period.[18]

Although the younger Austin faced several delays, spending almost a year in Mexico City during 1822, he was finally "authorized to introduce [into Texas] three hundred families of proper moral character who agreed to accept the Catholic faith; each family would be given one *labor* (177 acres) of farm land and seventy-four *labores* for stock raising, for a total of one *sitio* or square league [4,428 acres]."[19] Austin would collect rents of 1/2 cents per acre and receive a bonus of 65,000 acres when 200 families had been settled on the grant. Immigration was slow, but a small colony developed around the village of San Felipe de Austin. By 1825, however, some 2,021 residents, of which 443 were slaves, were listed in a census.[20] The generous land policy of the Mexican government led to additional empresarios grants. The state of Coahuila-Texas had passed its own colonization act in March 1825 and four contracts allowing the settlement of 2,400 families were signed within six weeks. A total of 15 contracts, including those with David G. Burnet, an American, Joseph Vehlein, a German, and Lorenzo de Zavala, a Mexican, were issued by 1829. Together these grants covered a contiguous area from just north of the San Antonio River to the Louisiana border, increasing the "foreign" population of Texas by 1830 to some 8,000, with approximately 1,000 African American slaves.

When the desires of Americans settling in Texas–retention of slaves, a preference for Protestantism, and a general feeling that the Mexican government was unsympathetic to their wishes–overshadowed their gratitude for Mexico's liberal land policy, the Texans agitated for a favorable change in the structure of government. Instead, Mexico passed its colonization law of April 6, 1830, outlawing further U.S. immigration into Texas, annulled its liberal constitution of 1824, and created further discord.[21] Failure to reach a compromise on key issues led Texans to move for separation, a goal that was achieved in April 1836. Initial refusals by the U.S. Congress to approve annexation left Texas with a border that had never been clearly established and a sorely unhappy Mexico that refused to recognize Texas independence.[22] Nevertheless, the new Republic did not give up its plans to join the United States and James K. Polk's clearly stated election goals in 1844 were the "reannexation of Texas" as well as the "reoccupation of Oregon." Actions by the United States in 1845 with no attempt to clarify the southern boundary issue would lead to open hostilities.

California, although experiencing the arrival of many foreigners, remained clearly within the Mexican fold from 1821 to 1846. As new ships reached California from Boston, they paid port duties at Monterey if they wished to obey Mexican law, or took their chances at bribing customs officials. They brought furniture, cloth, ready-made clothing and other welcome articles from the East in exchange for California products. Their agents went ashore and visited missions and ranchos to purchase hides and tallow. San Diego offered the best port for easy access of hides and became a popular depot for curing hides. San Pedro, difficult to approach, was used less since sailors sometimes had to row three miles into shore.[23] Fur trappers who came overland were at first refused permission to stay, but regulations were relaxed after 1831.[24]

To the east, in New Mexico, the end of the Spanish rule in 1821 coincided with the dawn of United States commercial penetration. The Santa Fe Trail became a land bridge between the sparsely populated western frontier of the United States and the even more sparsely settled northern outposts of Mexico. Both Boston maritime commerce and the Santa Fe wagon trade weakened the Mexican connection as they combined to re-orient the region's commerce. In New Mexico the early local impact of trade with the Americans included a greater supply of goods, an outlet for local products, and a gradual transformation of the province to the position of middleman rather than that of final consumer in a trade network that stretched from Missouri to Chihuahua and Durango. Even the once scarce hard money, silver pesos, came to Santa Fe, although they did not stay long before being transported to the insatiable commercial centers of Missouri. The losers in the new commercial network were those to the south and particularly the Mexican national government, nearly powerless to enforce the easily evaded regulations, which resulted in unpaid customs duties and taxes.

International questions in the Southwest were not solved so easily. As diplomatic relations between Mexico and the United States worsened over the annexation of Texas and the location of the state's southern boundary, troops from both countries moved into the disputed area between the Nueces River, the historic boundary of Texas,[25] and the Rio Grande, a line claimed by Texans. According to historians Michael Meyer and William Sherman, there could be little doubt about the validity of the Mexican claim. "Throughout the entire colonial period the western boundary of Texas had been the Nueces River. When Moses Austin received his grant . . . the western boundary was still the Nueces River; so, too, when Stephen Austin's grant was reaffirmed. But in spite of thousands of Spanish colonial documents, Mexican documents, and all reliable maps, in December of 1836, the Congress of the Republic of Texas claimed the Rio Grande as the western boundary."[26]

After months of an uneasy standoff during the spring of 1846, hostilities broke out on April 25, 1846, when Mexican soldiers, believing themselves to be in Mexican territory north of the Rio Grande, fired on American troops. Just two days before, on April 23, Mexican President General Mariano Paredes, had issued a statement that the refusal of the American troops to retire to the other side of the Nueces was placing the burden of responsibility upon himself to "order the repulse of forces which are acting as enemies."[27] He was not calling the Americans enemies, but only persons "acting" as such.

Nevertheless, on May 9, President Polk, after receiving news that shots had been fired, completed his previously written war message with his infamous statement that "American blood had been shed on American soil" and called for a declaration of war against Mexico. Immediate opposition to the war came from northerners, who feared the creation of agricultural states with an expansion of slavery, from Whig politicians in the south and west who wanted to discredit the Democratic leader Polk, and even Southern Planters, who did not want to open up the slavery controversy. Freshman Whig Representative Abraham Lincoln from Illinois proposed that Polk should have to prove that the spot where American blood was spilled was actually on American soil.[28] Despite heavy debate, however, the war continued. The expansionist West furnished almost 40,000 volunteers while the South sent some 21,000. Fewer than 8,000 came from the densely populated Northeast.[29] Today the controversy surrounding the war's immediate cause has been remembered less in current literature than the feeling among many Americans that the United States' "Manifest Destiny" called for occupation of the entire continent from coast to coast.

In California after 1841, it became well known that the Mexican government allowed foreigners to apply for land grants and that opportunities for settlement existed near Sacramento and San Francisco. Despite Mexico's welcoming attitude, the dominant Catholic faith also brought out the prejudices of many Protestants arriving in these former Spanish lands. Anti-Mexican attitudes, which "ranged from xenophobia against Catholics and Spaniards to racial prejudice against Indians and blacks,"[30] stemmed from ideas brought to North America by English immigrants, whose knowledge came from anti-Catholic and anti-Spanish literature disseminated by religious leaders and men of letters as early as the 17th century. Military clashes with Spaniards along the Georgia-Florida border also contributed to a dislike for "popish" ways.[31]

Lieutenant John Frémont of the United States Topographical Engineers happened to be traveling in California on a mapping expedition in the spring of 1846 when his presence near Sutter's Fort afforded him a pivotal role in the American takeover of California. Although Thomas Larkin, U.S. Consul in Monterey, had received instructions from Polk to work behind the scenes for the independence of California, Frémont's role has remained the subject of considerable controversy.[32] Frémont was conveniently on hand to support the group of Americans who had led an uprising in northern California against Mexican officials and declared the independence of the "Bear Flag Republic" in June 1846.[33] It was just a month later when the U.S. Navy raised the American flag over Monterey and San Francisco. Additional fighting in California was sporadic, and the Mexicans did their best to defend the province against combined military forces of the United States Navy, Army and Marine Corps.

After a seemingly easy victory over native *Californios*, Kit Carson carried the news to General Stephen Watts Kearny's Army of the West on its 1,000 mile march overland to California from Fort Leavenworth, Kansas, that southern California was under American control. With Colonel Alexander Doniphan, Kearny had moved into New Mexico, arriving in Santa Fe on August 18, 1846. He brought with him Catholic priests and made an agreement with Governor Manuel Armijo to enter the town peacefully. After securing New Mexico, Kearny moved toward California. He sent 200 of his 300 dragoons back to Santa Fe and proceeded optimistically along the southern route. At the junction of the Gila and Colorado rivers Kearny intercepted a Mexican carrying a message that a counter-revolution had taken place and that *Californio* troops had retaken Los Angeles. Kearny later found that the rumor was true and changed his destination from Los Angeles to San Diego. He headed for the valley of San Pascual near present-day Escondido on December 4, 1846.

The *Californio* forces under Major Andrés Pico and Lieutenant Leonardo Cota totaled only about 75 to 80 men.[34] On the cold, wet evening of December 5, Pico and his troops rode into the Indian village of San Pascual, took over the Indian huts, and kindled fires for a makeshift dinner. Most of the men, skilled in horsemanship, carried a *reata* and a steel-tipped eight-foot lance. For the most part they were young men, not regularly trained soldiers, who were fighting to defend their homeland. An Indian came into camp after sunset and said that American soldiers were in the area; Pico did not seem to believe him.[35] Nevertheless, they prepared to meet their fate.

The American troops, exhausted from their grueling 1,000 mile desert march from New Mexico through Arizona to southern California, were in no shape to fight. The unexpected drizzle in the mountains had dampened their gunpowder, and their trail-weary mounts were no match for the California lancers. The Americans, however, led the attack at dawn on December 6. At the first volley the Californians fled and the Americans, in pursuit, strung themselves out with no protection. Suddenly the lancers wheeled their horses and charged the extended American line, cutting it to pieces. General Kearny received two vicious wounds and lost 18 of his men. Three others died later and 17 were seriously injured. Even though the Americans were routed, Pico and his men, only a dozen of whom were wounded, withdrew from the field, leaving it to the dead and dying. The battle lasted about one half-hour. The U.S. dragoons became entrapped on Mule Hill the next day and suffered from lack of food and water until reinforcements arrived from San Diego on December 11. Pico, too, had looked for reinforcements, but difficulties in Los Angeles on December 4 had prevented him from getting help.

Kearny's diminished army then joined forces with Commodore Robert Stockton in a march to Los Angeles, where the final battle occurred on the Plains of La Mesa near San Gabriel on January 9, 1847. *Californio* leader José Maria Flores, fearing American reprisal, fled to Sonora. Four days later Andrés Pico, with no relief in sight, surrendered to John Frémont at Cahuenga Pass and hostilities in California ended. A few months later Pico wrote, " . . . the morale of the people had fallen, due to a lack of resources . . . together with my compatriots we made the last efforts, notwithstanding the extreme lack of powder, arms, men, and all kinds of supplies."[36]

Captain Archibald H. Gillespie raised the American flag over Los Angeles for the second time–he must have considered it a dubious honor. The *Californios*, powerless to erase the years of internal dissension among their leaders and unable to resist the combined army and naval forces of the American invaders, gave in to a new day and a new order. The war in California ended with the Capitulation of Cahuenga, agreed to by Mexican and American forces on January 13, 1847.

During the war itself, the *Californios* experienced ambiguous and torn loyalties. In San Diego, for example, certain of the leading families including the Bandinis, Argüellos, and Pedrorenas supported American occupation while others such as the Osunas, Ibarras, Cotas and Machados did not. Some, like the Carrillos, were split with participants on each side. Henry Fitch, the merchant husband of Josefa Carrillo, supplied American troops while members of the Carrillo family joined fellow Mexicans to repel the American invaders.[37] Similar conflicts were experienced by those living elsewhere in the Southwest.

As the war in California came to a close, fighting continued on other fronts. Led by General Zachary Taylor, the U.S. forces marched southward from Texas, defeating the army commanded by General Antonio López de Santa Anna[38] in February 1847. Shortly afterwards, in March 1847, General Winfield Scott landed at Veracruz and began his march toward the Mexican capital. After fighting several battles and defeating Santa Anna's troops during the spring and summer of 1847, Scott raised the American flag over Mexico City's National Palace in September of that year.[39]

As a result of the war, the annexation of Texas by the United States was confirmed and slavery continued to expand into that state. New Mexico residents accepted the change with little protest, especially when Brigadier General Kearny promised that the United States would respect the persons and property of the conquered area, and that the inhabitants would be granted immediate citizenship in the invading nation. Arizona, little affected by the war between the United States and Mexico, had only two principal towns in the area: Tubac and Tucson, each with an army presidio. Since the work of the missionaries with the Pimas along the Gila, San Pedro and Santa Cruz rivers had accustomed the Native Americans to foreign visitors, the military expeditions that crossed Arizona experienced few difficulties.

The Arizona corridor, established by the Spanish padres and Juan Bautista de Anza in the late 18th century, continued to be used by military men who crossed through it on their way to and from California. First, General José Castro, leader of Mexican resistance in California, crossed over into Sonora in 1846. Kit Carson followed in the same direction when he carried news about the war to the east. Shortly after the conquest of New Mexico, General Kearny followed the Gila River trail to the Colorado junction and California. The area of Arizona north of the Gila River became a part of the United States as a result of the Treaty of Guadalupe Hidalgo.

Signed on February 2, 1848, this treaty ended the war, divested Mexico of approximately 50 percent of its land in exchange for $15 million, and promised perpetual peace between the United States and Mexico.[40] Article V set the boundary line between the two countries,[41] and Article VIII guaranteed the Mexican residents of conquered territories the right to become U.S. citizens and to retain title to their land.[42] Many of these people became citizens, but not all obtained clear title. In fact, one of the major problems of the early American period was the failure of many Mexicans to successfully gain title to their rancho holdings. In California, for example, claimants representing established families such as Verdugo, Coronel, Lugo, Peralta and Estudillo fought court battles over many years to achieve clear title, only to lose their lands in the end because of debts incurred and mortgages taken out to pay taxes and legal expenses.[43]

In California statehood was quickly achieved. Several factors hastened the acceptance by the 31st Congress of the 31st state, the one that broke the long existing sectional balance between North and South, favoring the North with admission of California as a free state. The immense population increase resulting from the Gold Rush in 1849 allowed the newcomers to ask for inclusion as a full partner in the Union. When things seemed to be going unfavorably, California not very subtly threatened that it might be necessary to form a new nation, a Pacific Republic. Such a threat, impractical as it now seems, was effective because the United States did not want to do without the great windfall of mineral wealth that the war had left. After the southern states were mollified by the promise that the new territories would be organized without the prohibition of slavery, California was admitted to statehood on September 9, 1850.

The wagon route opened by the Mormon battalion began to be used immediately by the gold-seekers on their way to California in 1849.[44] Only after the Gadsden Purchase of 1853, which gave to the United States a large parcel of land from the Gila River south to Arizona's current boundary with present-day Sonora, did any of those who traveled through Arizona remain to settle there. Southern Arizona had been explored by Lieutenant A.W. Whipple and his party in 1853 in the Pacific Railroad survey and, as more Americans became acquainted with the area around Tucson, they realized the need for additional land both for a railroad and for farming. James Gadsden, U.S. Minister in Mexico City, arranged to purchase the land from Santa Anna for $10 million in December 1853. This act drove the controversial leader from power for the last time, leaving in his wake a civil war between liberals and conservatives that would dominate Mexican politics for years to come.

New Mexico residents had no leverage to force the United States to accept their appeal for statehood. There was nothing that they could use to coerce the government to act. When statehood was delayed time after time, the opportunity for Spanish-speaking residents to participate politically at any high level was minimized. Although there were many ascribed reasons for a delay of more than 60 years from conquest to final statehood, one of the most germane was the problem of assimilating a non-English speaking population. Arizona, as part of New Mexico, was first incorporated into Doña Ana County and later designated as the County of Arizona. After a long and difficult fight, Arizona achieved separate territorial status in 1863. Many residents of both New Mexico and Arizona continued to speak Spanish and maintain the laws and customs of their previous governments, especially in the sharing of scarce water resources. Even though the road to statehood was long and arduous, both New Mexico and Arizona were admitted to the Union in 1912.

The end of the U.S.-Mexican War did not ease the uncomfortable relationship that had existed between the United States and Mexico since the earliest days of independence. Nevertheless, the U.S. supported the cause of Benito Juárez, a determined Zapotec Indian from Oaxaca who dominated Mexico's liberal politics for the next two decades. Because of the Civil War at home, the U.S. at first could do little about French intervention in Mexico during the 1860s. When the war ended, however, American pressure turned the tide and the French withdrew. Border problems during those years consisted mainly of cattle rustling, Indian attacks and bandit depredations,[45] but these lessened with the advent of Porfirio Díaz, at first as president and later as dictator until 1910.

Because Díaz was able to pacify the countryside and make the highways safe for travel, albeit with brutal effectiveness, he was looked upon with respect by Americans and Europeans alike. The building of railroad networks together with heavy investments by Americans and other foreigners in land, mining, banking, and oil brought Díaz prestige and recognition. Unfortunately, the Mexican people did not benefit from the new economy and while outwardly Mexico seemed to be making great strides, workers in mines and railroads, Indian laborers, displaced landowners and middle-class journalists were dreaming of social and political reforms. Those who felt that nothing could or would be done to change the situation were emigrating in substantial numbers to the United States. The border towns of Tijuana and Mexicali increased in population and rebel leaders like Ricardo Flores Magón found kindred spirits in the Industrial Workers of the World who were moving into the south and west of the United States.

The Mexican Revolution, which began in 1910 and lasted nearly a decade, led to one final burst of hostility involving the border between the United States and Mexico. After Francisco Madero, first to take up the presidency as a reformer in November 1911, fell victim to an assassin's plot, three leaders carried the banner of revolution during the next six years: Pancho Villa in the north, Venustiano Carranza in the central region surrounding the capital and Emiliano Zapata in the south.[46] During the war, the United States had intervened by occupying Veracruz,[47] an action so bitterly resented by Mexico that Carranza's opposition to this action boosted his popularity considerably. Pancho Villa, on the other hand, coveted U.S. approval, and eventually fell out of favor with the other revolutionary chieftains. Once depicted as a hero by journalists north of the border, Villa began to suffer criticism by the United States. Feeling betrayed and abandoned by his former friends, Villa commenced a private war.[48] In January 1916, his "army" stopped a train carrying American miners in Sonora and shot them. Two months later Villa's forces raided the town of Columbus, New Mexico, killing several townspeople.

In retaliation, President Woodrow Wilson, with the tacit approval of Carranza, sent a 10,000 man punitive expedition commanded by Brigidier General John J. Pershing to capture Villa. Searching in vain over rough terrain for several months in late 1916, the American troops failed in their effort while the elusive bandit gained popular support in his defiance of the United States. Finally in early 1917, with a war with Germany looming, Wilson ordered his forces out of Mexico. With Carranza in full control as president of Mexico, the Villistas disbanded and Zapata, a thorn in the side of the new government, was lured into an ambush and killed by a Carrancista officer. Except for one final incursion into Mexico, when Villa and a band of disgruntled revolutionaries attacked Ciudad Juarez and a U.S. military force crossed the Rio Grande to drive him out, no further border incidents involving the military have occurred.

Mexico's stormy revolutionary decade of 1910 to 1920 brought to the United States another wave of immigrants from south of the border to begin a new life. Los Angeles and other California cities, along with border towns in New Mexico, Texas and Arizona, became major destinations. The Spanish-speaking population of these areas, added to the descendants of Mexicans who had lived in the United States prior to the U.S. Mexican War and during the latter half of the 19th century, continued to have considerable cultural and economic impact. The legacy of Spain and Mexico became even more apparent as new immigrants added their expertise to industry, soil cultivation, food preparation and the production of traditional arts and crafts.

Throughout the Southwest, as new commercial and industrial developments with historic names such as Rancho de los Peñasquitos, Rancho Jamul, and Rancho Córdova dot the landscape with mission-revival type homes and shopping centers, the heritage of Spain and Mexico continues to be evident. Newcomers to California marvel at the abundance of Spanish names along busy freeways and can perhaps imagine the tranquil days when there were cattle ranches instead of condominiums on the rolling hillsides. Although times have changed and Southwestern life has given way to a more frantic pace, this colorful heritage and a growing Latino population has kept the region in touch with its historic past. North of San Diego, the present freeway follows the route of Spain's El Camino Real through towns named San Dieguito and Encinitas. Restored missions include San Luis Rey de Francia near Oceanside and San Juan Capistrano, home of the legendary swallows that return each year. The city of Los Angeles, whose Latino residents today make up some 40 percent of the population, still retains many place names attesting to its Spanish and Mexican heritage. The original town plaza and church are located near the mission-style Santa Fe Railroad depot and streets called Olvera, Alameda, Figueroa, Pico and Sepulveda run nearby. Suburban areas include Pico Rivera, San Fernando, Santa Anita and La Cañada. The ensigns of Castile and Leon and the Mexican eagle and serpent appear in the city's coat-of-arms and the courthouse employs more than 200 Spanish interpreters.[49]

The Spanish legacy, perhaps strongest in New Mexico, was not merely a matter of accommodation. A dual heritage is frequently found in politics and in law, and there are many other evidences visible to the casual observer. Placename geography, foods, celebrations, local dress, customs and religious observances continue to give evidence that Spain and its culture once placed an indelible stamp on the region. The traditions found in architecture, religious folk carvings, weaving and other arts are vivid expressions of cultural origin and persistence.

Anglo Americans who came to Arizona after 1848 witnessed the heritage of Spain particularly in mining, ranching and agriculture. Many of the laws that Arizona included in its constitution were drawn almost verbatim from the Spanish code, and many of the practices in the life of early Arizona were those of the Spanish-Mexican settlers. Mexicans in Tucson after 1856 continued to be mer-

Spanish-Mexican settlers. Mexicans in Tucson after 1856 continued to be merchants, politicians, artists and intellectuals, forming a middle-class Mexican society in the United States. Because many of the early families had close relatives and practical business ties on both sides of the border, Arizona maintains a close relationship with the Mexican state of Sonora. San Xavier del Bac in Tucson, again an active Franciscan mission to the Papago Indians, is a registered National Historic Landmark, and is fully functional. Statues of Jesuit Father Eusebio Kino, sculpted by Julian Martínez, a Spaniard living in Mexico City, grace both Kino Boulevard in Tucson and the principal highway in Magdalena, Sonora. These physical remains offer an important balance to Arizona's Anglo-American heritage of later decades. Approximately 25 percent of the population of Arizona is Spanish speaking and the percentage of persons with Spanish surnames is steadily increasing. The imprint of Spain's early occupation of the area lives on in place-names, landmarks, and cultural identity.[50]

Because Anglo-Americans entered Texas in such large numbers early in the 19th century, Texas was greatly influenced by newcomers of German, English and other Northern European heritage. Much of the Spanish and Mexican heritage was obscured by the new arrivals, but remains very viable in the southern portion of the state. Placenames such as Hidalgo, El Paso, Laredo, Bexar and San Antonio attest to the legacy. Music, food, and celebrations such as San Antonio's annual Fiesta also reflect the past. The Spanish and Mexican heritage of the region continues to speak about Texas' long history before statehood.

Nevertheless, the accommodation of Spanish-speaking persons in the United States has never been a primary goal. Beginning with the annexation of Texas in 1845, Mexican citizens felt alienated, and during California's Gold Rush in 1848 and after, Mexican miners suffered discrimination and outright hostility. Ill treatment of Mexicans was renewed in the Depression decade of the 1930s when many immigrants and even native-born citizens were repatriated (deported) to Mexico. Finally, in recent times when illegal immigration and drug smuggling have become major sources of conflict, feelings of acceptance and well being among persons of Mexican descent have often been compromised.[51]

Approximately one-third of the United States was carved from one-half of Mexico. Who, then, are the newcomers? On the one hand, the United States recognizes its tremendous debt to Mexico and a Mexican labor force for past and present economic and social progress, but on the other hand desires to keep the land acquired from Mexico in 1848 under strict immigration quotas that prevent deserving Mexicans from occupying their former territory. There is no clearcut answer to this dilemma, but repeating past injustices must be avoided and persons of Mexican descent should today be held in high esteem and recognized for their contributions to what is often called the "American Dream."

NOTES

1. The English language today contains such common words as rodeo, canyon, arroyo, plaza, fiesta and others that have been derived from Spanish such as lariat from *la reata* and buckaroo from *vaquero*.

2. Documents concerning the expedition to California are found in the Bancroft Library, University of California, Berkeley.

3. José de Gálvez, Instructions for the expeditions to San Diego and Monterey, Ms. The Bancroft Library.

4. See Irving Berdine Richman, *California under Spain and Mexico, 1535-1857* (Boston: Houghton Mifflin, 1911).

5. Instructions for the Founding of Los Angeles, MS. The Bancroft Library.

6. The Spanish word *suerte* used for lot also means "chance" or "luck."

7. The Spanish King Carlos IV, held captive by Napoleon since 1808, abdicated in favor of son Fernando VII, also in exile. Joseph Bonaparte occupied the Spanish throne until 1815.

8. See David Weber, *The Mexican Frontier, 1821-1846: The American Southwest Under Mexico* (Albuquerque: University of New Mexico Press, 1982), p. 10.

9. Arizonas' non-Indian population was much lower overall with the soldiers and settlers in Tucson increasing from 62 in 1819 to 465 in 1831.

10. Literally, "people of reason"; term used to distinguish Spaniards and Christian Indians s from unconverted Indians.

11. See Lesley Byrd Simpson, ed. and Paul Nathan, trans., *Letters of José Señan, O.F.M. Mission San Buenaventura, 1796-1823* (San Francisco: John Howell Books, 1962).

12. See Weber, *The Spanish Frontier in North America,* pp. 336-341 for a discussion of Anglo attitudes towards persons of Hispanic descent.

13. As summarized by Enrique Krauze in *Mexico: Biography of Power: A History of Modern Mexico, 1810-1996* (New York: Harper-Collins Publishers, 1997), p. 133 "Between 1822 . . . and 1847, the decisive hour of the American invasion, Mexico lived in a permanent condition of disruption and poverty. The country endured fifty military regimes, swinging from a federalist republic (1824-1836) to a centralist government (1836-1847) and back again to a federalist republic from 1847 on. It suffered losses of territory, including the irrevocable secession of Texas . . . but the governments still found time to convoke five constitutional conventions and promulgate a charter, three constitutions, a reform act, and innumerable state constitutions, each one driven by the notion of final, national redemption."

14. Many of these people, such as William Wolfskill, Abel Stearns, Jonathan Temple and Henry Dalton obtained large grants of land for farming and cattle ranching, hiring Native Americans as ranch hands. They could easily fit into what Richard White has termed "the middle ground" where diverse persons adjusted their differences. See White's *The Middle Ground: Indians, Empires, and Republics in the Great Lakes Region, 1650-1815* (Cambridge, New York: Cambridge University Press, 1991).

15. The pueblos (towns) of San Diego, Los Angeles, Monterey, San Jose and Sonoma, for example, provided a nucleus of government activities. Most ranch owners maintained a town house as well as a distant residence at their rancho site. American settlement patterns on the frontier often consisted of isolated farmhouses on an 80 to 640 acre area.

16. See John T. Vance and Helen L. Clagett, *Guide to the Law and Legal Literature of Mexico* (Washington, D.C.: The Library of Congress, 1945).

17. In California, secularization of the missions after 1835 made extensive lands available for colonization and accounts for the substantial increase in the number of land grants made (approximately 20 during the Spanish period versus some 700 during the Mexican period).

18. Moses Austin, a Catholic born in Connecticut, lived for a time in Spanish Louisiana in 1796 before settling in Missouri. In 1820 he petitioned Spanish authorities at San Antonio de Bejar for a grant of land on which to locate some 300 families. After receiving the grant, Moses died of exposure in June 1821 and requested that his son Stephen carry out the task.

19. Ray Allen Billington, *Westward Expansion: A History of the American Frontier* (New York: Macmillan Publishing Company, 1974), p. 411.

20. Slavery under Spanish and Mexican law was prohibited, but Austin obtained a Texas-Coahuila law in 1828 recognizing labor contracts in which immigrants, after freeing their slaves, made them indentured servants for life; Billington, *Westward Expansion,* pp. 411, 414.

21. Michael C. Meyer and William L. Sherman, *The Course of Mexican History,* 5th ed. (New York and Oxford: Oxford University Press, 1983), pp. 337-338.

22. See Josefina Vazquez and Lorenzo Meyer, *The United States and Mexico* (Chicago: University of Chicago Press), pp. 42-43, for Polk's actions leading up to the U.S. Mexican war, especially the mission of John Slidell in which he offered up to $40 million for the territory between the Nueces River and the Rio Grande, plus the northern part of Mexico and California.

23. See Richard Henry Dana, *Two Years Before the Mast*, John Haskell Kemble, ed. (Los Angeles: The Ward Ritchie Press, 1964).

24. Jedediah Smith and James Ohio Pattie were both asked to leave by Governor José Mará Echeandá (1825-1831) but his successors were more lenient in their policy toward mountain men.

25. Historically a part of Coahuila as defined by the Provincias Internas of 1776.

26. *The Course of Mexican History,* p. 343. Richard White also put it succinctly in *"It's Your Misfortune and None of My Own:" A New History of the American West* (Norman: University of Oklahoma Press, 1991), p. 77: "Polk aggravated an already sensitive situation by insisting on the Rio Grande as the Texas boundary. Previously both the United States and Mexico had recognized the Nueces River, 150 miles north of the Rio Grande, as the Texas border." See also Vázquez and Meyer, *The United States and Mexico,* pp. 42 and 43.

27. Gene M. Brack, *Mexico Views Manifest Destiny* (Albuquerque: University of New Mexico Press, 1975), pp. 148-49.

28. K. Jack Bauer, *The Mexican War, 1846-1848* (New York: Macmillan Co., 1974), p. 370.

29. Billington, *Westward Expansion,* p. 495.

30. Arnoldo de León, *They Called Them Greasers: Anglo Attitudes toward Mexicans in Texas, 1821-1900* (Austin: University of Texas Press, 1983), pp. 4-5, states the issue most strongly when he claims that "[A]lleged Spanish tyranny in the Netherlands during the latter half of the sixteenth century as well as atrocities toward the Indians in Latin America produced an image of the Spaniard as heartless and genocidal. And, finally, the English saw the Spanish as an embodiment of racial impurity. For hundreds of years, racial mixing or mestizaje had occurred in the Iberian peninsula between Spaniards and Moors. At a time when Elizabethans were becoming

more and more sensitive to the significance of color–equating whiteness with purity and christianity, and blackness with baseness and the devil–Spaniards came to be thought of as not much better than light-skinned Moors and Africans."

31. Much of the prejudice can also be traced back to the highly critical reports of Spanish activities that became known as the Black Legend as well as Anglo-Spanish military rivalry in the New World and Europe during the reigns of Philip II of Spain and Elizabeth I of England in the 16th century. See Vázquez and Meyer, *The United States and Mexico*, p. 3; also Cecil Robinson, ed., *Mexico and the Hispanic Southwest in Western Literature* (Tucson: University of Arizona Press, 1977).

32. See John Caughey and Norris Hundley, *California: History of a Remarkable State*, 4th ed. (New York: Prentice Hall, 1982), pp. 102-106. See also Lisbeth Haas, "War in California, 1846-1848," *California History* (Summer and Fall 1997): 331-355.

33. Andrew Rolle, *John Charles Frémont: Character as Destiny* (Norman: University of Oklahoma Press, 1991), pp. 73-77, gives an excellent summary of Fr≥mont's activities in California at this time.

34. Sally Johns, "Viva los Californios," *Journal of San Diego History* (Fall 1973), p. 8.

35. Benjamin Hayes, Battle of San Pasqual, Further Notes, MS. in the Bancroft Library quoted in Johns, "Viva los Californios," p. 8, n. 87.

36. George Tays, ed. and trans., Pio Pico's Correspondence, quoted in *ibid.*, p. 10.

37. Richard Griswold del Castillo, "The U.S. Mexican War in San Diego," unpublished manuscript.

38. President of Mexico off and on since the early days of the republic–some eleven times–he was best known for his defeat by Sam Houston at San Jacinto after his victory at the Alamo. See Ruth R. Olivera and Liliane Crété, *Life in Mexico Under Santa Anna, 1822-1855* (Norman: University of Oklahoma Press, 1991).

39. The saddest evidence of Mexican resistance came from "los niños heroes" (the boy heroes), young cadets at Chapultepec Castle who preferred to die in action rather than surrender to the American troops. See William A. dePalo, Jr., *The Mexican National Army, 1822-1852* (College Station: Texas A&M University Press, 1997), p. 138.

40. Ramón Eduardo Ruiz reflects bitterly in *The Mexican War: Was it Manifest Destiny?* (New York: Holt, Rhinehart and Winston, 1963), p. 1, that "The war is one of the tragedies of history. Unlike the Americans who have relegated the conflict to the past, Mexicans have not forgotten. Mexico emerged from the war bereft of half of its territory, a beaten, discouraged, and divided people."

41. See Oscar J. Martínez, *Troublesome Border* (Tucson: University of Arizona Press, 1988), pp. 17-25; William H. Emory, Report on the *United States and Mexican Boundary Survey*, Vol. I (Washington, D.C.: 34th Congress, 1st Session, Senate Executive Document, No. 108); and *Drawing the Borderline: Artist-Explorers of the U.S.-Mexico Boundary Survey* (Albuquerque: The Albuquerque Museum, 1996).

42. The few Native Americans who had received land titles from the Mexican government filed land claims with varying success. Most of the Indians, however, had no formal title to land and remained landless well into the late 19th century when the United States reservation system was introduced.

43. See Iris H. W. Engstrand, "Land Grant Problems in the Southwest: The Spanish and

Mexican Heritage," *New Mexico Historical Review,* 53 (1978): 330-333.

[44] Recruited by agents for service in Stephen Watts Kearny's Army of the West, 500 Mormon volunteers opened a military wagon road from Council Bluffs, Iowa, to San Diego. By the time the Mormon Battalion arrived in San Diego in 1847, the fighting was over, so the men hired themselves out to the townspeople. They whitewashed buildings, built a bakery, fired bricks, built log pumps, dug wells, did blacksmithing and repaired carts. The first child born to Mormon Jesse Hunter was named Diego in honor of his adopted city.

[45] See Martínez, *Troublesome Border,* pp. 83-84, for a chronological listing of border conflicts, and Vázquez, *The United States and Mexico,* pp. 76-78, for a discussion of cattle rustling and Indian raids on both sides of the border from 1852 to 1876.

[46] Pancho Villa, from Chihuahua, whose guerrilla warfare was aided by American socialist John Reed, commanded a motley army throughout the northern regions; Carranza, commanding the Constitutionalist army, attracted the support of the United States; while Zapata and his Indian followers fought for land and liberty by rebelling against hacienda owners.

[47] The U.S. government was attempting to prevent a German ship bearing arms from aiding Victoriano Huerta, unpopular successor to Francisco Madero and opposed by Carranza.

[48] Villa's motives are still a matter of considerable controversy. For a thorough discussion see Alan Knight, *The Mexican Revolution* (Cambridge, New York: Cambridge University Press, 1986), vol. 2, pp. 345-46. Beginning in 1915, the Texas-Tamaulipas border had also been in continuous turmoil. See

Martínez, *Troublesome Border,* p. 84.

[49] Donald Cutter and Iris Engstrand, *Quest for Empire: Spanish Settlement in the Southwest* (Golden, CO: Fulcrum Publishing, 1996), pp. 315-316.

[50] *Ibid.,* pp. 314-315.

[51] See Richard Griswold del Castillo, *The Los Angeles Barrio, 1850-1890: A Social History* (Berkeley and Los Angeles: University of California Press, 1979), and Leonard Pitt, *The Decline of the Californio: A Social History of the Spanish-speaking Californians, 1846-1890* (Berkeley and Los Angeles: University of California Press, 1966) for excellent treatments of the problems faced by persons of Spanish and Mexican descent in California during the early American period. For Texas, see de Leon, *They Called Them Greasers,* and David Montejano, *Anglos and Mexicans in the Making of Texas, 1836-1986* (Austin: University of Texas Press, 1987). Rodolfo Acuña, *Occupied America: A History of Chicanos,* 2nd ed. (New York: Harper and Row, 1981), covers mistreatment.

EL IMPACTO DE LA LA INVASION NORTEAMERICANA EN EL SUROESTE ESPAÑOL

Iris H. W. Engstrand

Nadie que pase algún tiempo en el suroeste americano hoy en día puede dejar de observar el legado de España y México, manifestado tan claramente en los nombres de los postados, estilos arquitectónicos, cocina, música y en un importante segmento de los habitantes locales. Sin embargo, se necesita una comprensión del pasado para poder explicar cómo y por qué esta influencia hispana es tan prevalente. Desde 1519 a 1848, esta región experimentó diferentes tipos de colonización, gobierno, idioma y costumbres de una cultura arraigada en tradiciones europeas. Aunque los soldados y misioneros españoles encontraron una población indígena residente, su meta consistía en incorporar a estos habitantes en el estilo de vida español/cristiano, forzando las puras tradiciones americanas indígenas a un segundo plano. A veces, los españoles, y más tarde otros europeos, trataban a los indígenas consideradamente, en otras ocasiones y lugares, actuaban con una crueldad injustificable. Los indígenas, a su vez, reaccionaban amistosamente, indiferencia o violencia. Esta interacción no puede medirse en grados de éxito o fracaso por parte de ninguno de los grupos, sino solamente en la evolución de una gente mezclada étnicamente que primeramente vivía en el suroeste español, mexicano y finalmente americano.

Las noticias de la abundancia de recursos naturales, disponibilidad de tierras y posibilidades económicas de la región atrajeron a suficientes americanos del este y oeste medio de los Estados Unidos para dar lugar a otra conquista más - la guerra americomexicana. Uno de los resultados de ese conflicto fue que esta vasta región, habitada primero por indígenas americanos y más tarde por gente de origen español, mexicano, africano y europeo, se convirtió en parte de los Estados Unidos de la noche a la mañana. Lamentablemente, la historia de una región y ciertamente la historia de una guerra, no puede ser nunca una historia perfecta. Cada participante tiene su propio visión del mundo.

La conquista de México entre 1519 y 1521, más que la llegada de Colón al Nuevo Mundo en 1492 o el descubrimiento por Núñez de Balboa del Océano Pacífico en 1513, es el primero de una serie directa de eventos que condujeron a la colonización de la región que se extendía desde Texas a California. Los informes sobre la existencia de grandes riquezas indígenas en el interior de la costa del golfo de México inspiraron a Diego de Velázquez, gobernador de Cuba, a preparar varios barcos bajo el mando de Hernán Cortés, un hombre a quien creyó suficientemente ambicioso y valiente para conquistar a los poderosos indios

1. M. L. Ynchaustegui (active in Lima, Peru, 1790s). *Don Teodoro de Croix*, ca. 1795.

M. L. Ynchaustegui (activo en Lima, Perú, década de 1790). *Don Teodoro de Croix*, alrededor de 1795.

2. *above*. Richard Brydges Beechey (1808-1895). *The Mission of San Carlos, Monterrey* [sic], 1827.

left Laguna Santero.
Retablo of Our Lady of Sorrows, ca. 1790.

3. *below.* Henri Penelon (1827-1885).
Portrait of a Girl, 1860s.

Henri Penelon (1827-1885). *Portrait of a
Girl* (Retrato de una muchacha), década de
1860.

left. Sewing Box, Mexican, ca. 1800

Costurero, mexicano, alrededor de 1800.

4. *above.* Wm. Smyth. *Californians Throwing the Lasso,* 1831.

Wm. Smyth. *Californians Throwing the Lasso* (Californianos arrojando el lazo), 1831.

left. Vaquero Saddle, ca. 1850. Manufactured by Main and Winchester of San Francisco, ca. 1850.

Silla de vaquero, alrededor de 1850. Fabricada por Main and Winchester de San Francisco, alrededor de 1850.

5. *right. Vaquero Trousers,* 1834. Worn by Don Fernando Sepulveda.

Pantalones de vaquero, 1834. Pertenecieron a Don Fernando Sepúlveda. De lana y algodón estampado con trencillas de oro y botones dorados.

6. *above. "San Antonio."* William Hemsley Emory
(1818-1887). Notes of a military reconnaissance from
Fort Leavenworth, in Missouri to San Diego, in Califor
nia, including part of the Arkansas, Del Norte, and Gila
rivers. Washington, Wendell and Van Benthuysen, 1848.

6. "San Antonio." William Hemsley Emory (1818-1887).

left. Mexican Passport, 1830.

Pasaporte mexicano, 1830.

7. Carl Nebel. "Buena Vista."

8. Carl Nebel. "Churubusco."

Captions 1 through 8

1. M. L. Ynchaustegui (active in Lima, Peru, 1790s). *Don Teodoro de Croix*, ca. 1795. Oil on canvas; 77 3/4 x 54 1/8 in. Collection of Autry Museum of Western Heritage.

Of French origins, de Croix served the King of Spain in many capacities during a long career. As Commandant General of the Internal Provinces of Mexico (1776-1783), he became well-known for the establishment and maintenance of presidios and missions throughout the southwest. Sympathetic toward the American colonies' search for independence from England, he even ordered clerics in California to take up a collection to support George Washington in 1776. His successors would find less sympathy and more cause for conflict.

1. M. L. Ynchaustegui (activo en Lima, Perú), década de 1790*). Don Teodoro de Croix*, alrededor de 1795. Pintura al óleo sobre lona de 77 3/4 x 54 1/8 pulgadas. Colección del Autry Museum of Western Heritage. De origen francés, de Croix sirvió al rey de España en muchas capacidades durante su larga carrera. Como Comandante General de las Provincias Internas de México (1776-1783), se hizo famoso por establecer y mantener presidios y misiones a través del suroeste. Simpatizante con la causa de las colonias americanas que buscaban la independencia de Inglaterra, incluso ordenó a clérigos de California que celebraran una colecta monetaria para apoyar a George Washington en 1776. Sus sucesores, sin embargo, encontrarían menos simpatía y más causas de conflicto.

2. Richard Brydges Beechey (1808-1895). *The Mission of San Carlos, Monterrey* [sic], 1827. Watercolor on paper; 18 7/8 x 24 in. Collection of Autry Museum of Western Heritage.

As midshipman on the H.M.S. *Blossom*, Richard Beechey had many duties. When the ship anchored off the coast of California in 1827, however, he spent much of his time drawing images of the local area. Beechey's portrait of San Carlos gives a glimpse of the mission and its inhabitants, an Englishman's view of the Spanish outpost.

Laguna Santero.
Retablo of Our Lady of Sorrows, ca. 1790. Collection of Autry Museum of Western Heritage.

The presence of the Spanish Catholic church in colonial New Mexico influenced both people's beliefs and the physical culture around them. At first, clerics produced religious paintings and carvings for churches and homes. Local artisans developed these arts further. The earliest Spanish influences in religious folk art are still evident in the work of living artists.

2. Richard Brydges Beechey (1808-1895). *The Mission of San Carlos. Monterrey [sic]* (La Misión de San Carlos, Monterrey), 1827. Acuarela sobre papel de 18 7/8 x 24 pulgadas. Colección del Autry Museum of Western Heritage.

Como guardia marina a bordo del buque H.M.S. *Blossom*, Richard Beechey desempeñó muchos servicios. Sin embargo, cuando el buque ancló en la costa de California en 1827, se pasó mucho tiempo dibujando imágenes de la región local. El retrato de San Carlos por Beechey ofrece un atisbo de la misión y sus habitantes, el punto de vista de un inglés del puesto de avanzada español.

Laguna Santero. *Retablo of Our Lady of Sorrows* (Retablo de Nuestra Señora de los Dolores), alrededor de 1790. Colección del Autry Museum of Western Heritage.

La presencia de la iglesia católica española en el Nuevo México colonial influyó en las creencias de la gente y en la cultura física de su entorno. Al principio, el clérigo produjo pinturas religiosas y esculturas de iglesias y viviendas. Los artesanos locales mejoraron estas artes. Todavía se pueden observar en las obras de los artistas vivos las primeras influencias españolas en el arte folklórico religioso.

3. Henri Penelon (1827-1885).
Portrait of a Girl, 1860s. Oil on canvas; 16 x 14 in. Collection of Autry Museum of Western Heritage.

The landed families of the Los Angeles area gave their names to streets, regions and neighborhoods. This young woman's portrait was painted by a French immigrant artist and she is believed to have been a member of the Sepulveda or Pico families. Her dress indicates both her social status and the influence of styles from beyond California.

Sewing Box, Mexican, ca. 1800. Rosewood, basswood, koa wood, tortoise shell, ebony and ivory with brass fittings. Collection of Autry Museum of Western Heritage.

Made with spindles to hold thread, drawers to contain needles and other compartments to separate sewing tools and supplies, this box was at once functional and decorative. Its owner was wealthy enough not only to own it, but also to have some leisure to use it. The lady of a California rancho who could have used this would have cherished its arrival by trading ship coming up the coast. When American traders began serving California after the 1840s, it became easier to acquire essentials and luxuries.

3. Henri Penelon (1827-1885). *Portrait of a Girl* (Retrato de una muchacha), década de 1860. Pintura al óleo en lona de 16 x 14 pulgadas. Colección del Autry Museum of Western Heritage.
Las familias terratenientes del área de Los Angeles dieron sus nombres a las calles, regiones y vecindarios. El retrato de esta muchacha fue pintado por un artista emigrante francés y se cree que ella era un miembro de la familia Sepúlveda o Pico. Su estilo indica su estado social y la influencia de los estilos de más allá de California.

Costurero, mexicano, alrededor de 1800. Hecho de palo de rosa, tilo americano, koa hawaiana, concha de carey, ébano y marfil con ornamentos de bronce. Colección del Autry Museum of Western Heritage.
Tiene bobinas para enrollar los hilos, cajones para guardar las agujas y alfileres y otros compartimientos para separar los utensilios de coser de los demás materiales. Este estuche era al mismo tiempo funcional y decorativo. Su propietaria era suficientemente adinerada para poder poseerla y gozar de ratos de ocio para usarla. La jovencita de un rancho de California que podía haber usado esta caja habría apreciado la llegada del barco mercantil acercándose a la costa. Cuando los comerciantes americanos comenzaron a servir a California después de la década de 1840, se hizo más fácil adquirir productos esenciales y de lujo.

4. Wm. Smyth. *Californians Throwing the Lasso*, 1831. Published in *Narrative of a Voyage to the Pacific . . . under the command of Captain F. W. Beechey*, London, 1831. Collection of Autry Museum of Western Heritage.
Coming ashore at missions along the Pacific coast, Beechey recorded observations of the land. Residents of Spanish heritage were of as much interest to the observers as native peoples. The narrative noted that in this drawing "the method, as well as the costume of the native is admirably delineated."

4. Wm. Smyth. *Californians Throwing the Lasso* (Californianos arrojando el lazo), 1831. Publicado en *Narrative of a Voyage to the Pacific. under the command of Captain F. W, Beechey* (Relato de un viaje al Pacífico bajo el mando del capitán F. W. Beechey), (Londres: 1831). Colección del Autry Museum of Western Heritage.
Beechey anotaba sus observaciones sobre el país cuando desembarcaba en las misiones a lo largo de la costa del Pacífico. Los residentes de origen español eran de tanto interés para los observadores como los indígenas. La narración indicaba esto en este dibujo "el método, así como el vestido del indígena es admirablemente delineado."

5. *Vaquero Trousers*, 1834. Worn by Don Fernando Sepulveda. Wool and printed cotton with gold braid and gilt buttons. Collection of Autry Museum of Western Heritage.
Cloth and silver buttons imported from Mexico City were used to create these trousers for one of the great ranchers of southern California. His clothing and equipment reflected status and stature, wealth and tradition.

Vaquero Saddle, ca. 1850. Manufactured by Main and Winchester of San Francisco, ca. 1850. Leather and wood. Collection of Autry Museum of Western Heritage.
Saddles of traditional California style were among the *vaquero* equipment appropriated by Americans entering the region. Much of the material culture of the cowboy is thus owed to Spanish/Mexican precedents.

5. *Pantalones de vaquero*, 1834. Pertenecieron a Don Fernando Sepúlveda. De lana y algodón estampado con trencillas de oro y botones dorados. Colección del Autry Museum of Western Heritage.
Se usaron ropas y botones de plata importados de la Ciudad de México para confeccionar estos pantalones para uno de los rancheros más importantes del Sur de California. Sus vestidos y equipos reflejaban su talla y posición, así como su riqueza y tradición.

Silla de vaquero, alrededor de 1850. Fabricada por Main and Winchester de San Francisco, alrededor de 1850. Hecha de piel y madera. Colección del Autry Museum of Western Heritage.
Las sillas de montar de estilo tradicional de California se encontraban entre los equipos de vaquero que fueron apropiados por los americanos que entraron en la región. Una gran parte de la cultura material del "cowboy" se debe a sus predecesores españoles/mexicanos.

6. "San Antonio." William Hemsley Emory (1818-1887). *Notes of a military reconnaissance from Fort Leavenworth, in Missouri to San Diego, in California, including part of the Arkansas, Del Norte, and Gila rivers. Washington, Wendell and Van Benthuysen*, 1848. Collection of Autry Museum of Western Heritage.
Lieutenant William Emory's task was certain--he was to survey the region from Fort Leavenworth on the eastern edge of the plains to the Pacific Ocean, to consider the military, economic and scientific value of the region. While the army fought to take the region from Mexico, Emory was to prove that it was worth having. After its publication in 1848, Emory's report and its illustrations informed Americans about the look and resources of the region.

report and its illustrations informed Americans about the look and resources of the region.

Mexican Passport, 1830. Courtesy of Compton LaBauve, Jr.
By 1828 the Mexican Government was attempting to slow American immigration into Texas by requiring a special passport. Issued in 1830 by the Mexican Vice-Consul in Philadelphia, this passport grants Alfred R. Guild free and safe passage to Bexar, province of Texas.

6. "San Antonio." William Hemsley Emory (1818-1887). *Notas sobre un reconocimiento militar desde Fort Leavenworth, Missouri, a San Diego, California, incluyendo parte de los ríos, Arkansas, Del Norte y Gila.* Washington: Wendell and Van Benthuysen, 1848. Colección del Autry Museum of Western Heritage.
La misión del teniente William Emory era indudable — tenía que realizar un estudio de la región que se extendía desde Fort Leavenworth hacia el borde oriental de la meseta hasta el Océano Pacífico, con el fin de considerar el valor militar, económico y científico de la región. Mientras el ejército luchaba por quitarle la región a México, Emory tenía que demostrar que valía la pena. Después de su publicación en 1848, el informe de Emory y su ilustración informaron a los americanos de la apariencia y recursos de la región.

Pasaporte mexicano, 1830. Cortesía de Compton LaBauve Jr.
Para el año 1828, el gobierno mexicano trataba de aminorar la inmigración hacia Texas, exigiendo un pasaporte especial. Emitido en 1830 por el vicecónsul mexicano de Filadelfia, este pasaporte otorga a Alfred R. Guild un salvoconducto para dirigirse a Bexar, provincia de Texas.

7. Carl Nebel. "Buena Vista." George Wilkins Kendall (1809-1867). *The war between the United States and Mexico illustrated, embracing pictorial drawings of all the principal conflicts, by Carl Nebel, with a description of each battle, by Geo. Wilkins Kendall.* New York: D. Appleton & Co.; Philadelphia, G.S. Appleton, 1851. Collection of Autry Museum of Western Heritage.
Public curiosity about Mexico and the war encouraged the publication of illustrations and accounts by

soldiers and correspondents. Some were wholly imaginary, others more realistic. Carl Nebel was one of the latter.

7. Carl Nebel. "Buena Vista." George Wilkins Kendall (1809-1867). *La guerra entre Estados Unidos y México ilustrada, incluyendo dibujos de todos los conflictos principales, por Carl Nebel, y una descripción de cada batalla, por Geo. Wilkins Kendall.* Nueva York: D. Appleton & Co., Filadelfia, G.S. Appleton, 1851. Colección del Autry Museum of Western Heritage.
La curiosidad del público sobre México y la guerra alentó la publicación de ilustraciones y relatos por parte de soldados y corresponsales. Algunos eran totalmente imaginarios, otros más realistas. Carl Nebel pertenecía a esos últimos.

8. Carl Nebel. "Churubusco." George Wilkins Kendall (1809-1867). *The war between the United States and Mexico illustrated, embracing pictorial drawings of all the principal conflicts, by Carl Nebel, with a description of each battle, by Geo. Wilkins Kendall.* New York: D. Appleton & Co.; Philadelphia, G.S. Appleton, 1851. Collection of Autry Museum of Western Heritage.

8. Carl Nebel. "Churubasco." George Wilkins Kendall (1809-1867). *La guerra entre Estados Unidos y México ilustrada, incluyendo dibujos de todos los conflictos principales, por Carl Nebel, y una descripción de cada batalla, por Geo. Wilkins Kendall.* Nueva York: D. Appleton & Co., Filadelfia, G.S. Appleton, 1851. Colección del Autry Museum of Western Heritage.

aztecas del centro de México. Cortés, un nativo de la austera provincia española occidental de Extremadura, dirigió una expedición que enfrentó peligros inigualables, pero cosechó recompensas más grandes que ninguna de las que había obtenido España hasta entonces.

La tremenda desigualdad de condiciones en contra de los españoles fue aminorada por la creencia azteca de que Cortés podría ser la legendaria serpiente Quetzalcoatl, un poderoso dios que prometió regresar de ultramar como un hombre blanco barbudo. La confusión de Moctezuma y sus pocos deseos de enojar a un dios tan importante hicieron que titubeara; el emperador rápidamente cayó en manos españolas. Además, los aztecas, que nunca habían visto caballos, creyeron que los soldados de caballería de Cortés eran criaturas terribles - posiblemente dioses también. Los españoles estaban mejor armados, con espadas, arcos, escopetas y cañones, pero sus ventajas psicológicas eran quizás mayores. Se les unieron los Tlaxcalans, los cuales esperaban eliminar la dominación azteca. Cuando Moctezuma fue asesinado eventualmente por su propia gente, los aztecas que quedaban no lograron derrotar a los españoles y sus aliados. Los indígenas también fueron decimados por enfermedades europeas de proporciones épicas que se diseminaron a través de sus confines. Para agosto de 1521, se terminó la conquista y Cortés, a pesar de haber sufrido grandes pérdidas, se convirtió en el amo de Tenochtitlán que había quedado en ruinas. Se estima que el último asedio sangriento costó la vida a unos 150,000 indígenas. Cortés proclamó la autoridad de España, prohibió realizar sacrificios humanos, destruyó los ídolos paganos, limpió los templos de sangre y se hizo cargo del tesoro azteca.

Entre 1521 y la colonización de Baja California en 1697, los soldados y misioneros españoles extendieron su influencia hacia el norte y sur de la capital mexicana. En su deseo de establecer un imperio que se extendiera hasta California y el suroeste, España introdujo su lengua, cultura, religión y actividades económicas, incluyendo el comercio marítimo, ranchos de ganado vacuno y ovejuno, agricultura y minería en las tierras ocupadas por los indígenas americanos.[1] La naturaleza de este encuentro variaba grandemente de un área a otra debido a las diferencias culturales de los indígenas americanos, a que la región era tan diversa geográficamente y a los motivos de los recién llegados que iban desde la codicia por el oro hasta la salvación de las almas de acuerdo con la doctrina cristiana.

Por lo general, el movimiento de los españoles hacia regiones que eventualmente formarían parte de los Estados Unidos fue motivado por la búsqueda de riquezas minerales, la protección de los intereses nacionales españoles contra las intrusiones de los franceses y otros, y los esfuerzos de convertir a los indígenas a la religión católica. En 1528-1536, Alvaro Núñez Cabeza de Vaca viajó hasta el centro de lo que más tarde sería Texas, estableciendo el primer encuentro entre los europeos y los indígenas americanos del suroeste. Poco más tarde, Fray Marcos de Niza y el moro Estebanico sugirieron la posibilidad de la existencia de ricos pueblos indígenas al norte de México. En 1540, el virrey Antonio de Mendoza envió a Francisco Vásquez de Coronado en busca de las seductoras ciudades de oro. En el transcurso de dos años, Coronado viajó a través de regiones conocidas ahora como Arizona, Nuevo México, Texas y Kansas.

Las primeras colonias españolas importantes al norte de México tuvieron lugar después de 1598, cuando Juan de Oñate se trasladó con más de 100 familias hacia Nuevo México. En 1610, su sucesor como gobernador, Don Pedro de Peralta, estableció la capital provincial en Santa Fe. Los conflictos entre los funcionarios civiles y eclesiásticos y las luchas con los indígenas Apache y Pueblo de la región, culminaron en 1680 con la sublevación de los indígenas Pueblo. La Sublevación de los Pueblo, que es el nombre con que se conoce, llevó a la destrucción de iglesias y ranchos españoles y a la huída en masa de los supervivientes del territorio. La autoridad española volvió a establecerse en Nuevo México para fines de 1692 y, aunque continuaron los conflictos con los las poblaciones indígenas, se fundó la Villa de Albuquerque en 1706. A pesar de estar aislado, empobrecido y limitado por sus administradores de poco éxito, Nuevo México fue creciendo lentamente.

Las pocas expediciones españolas que entraron en la región que más tarde sería Texas fueron de poca consecuencia hasta que llegaron informes de que René Robert Cavelier, Sieur de La Salle, mientras exploraba la desembocadura del río Misisipí, había establecido una pequeña colonia en la Bahía de Matagorda en 1685. Los seguidores franceses de La Salle se desilusionaron, asesinaron a su líder y abandonaron el área en 1697. Entonces, los frailes españoles se dirigieron allí y fundaron una misión en las riberas del río Trinity en 1690. Otras amenazas francesas extrajeron respuestas similares de los funcionarios españoles, quienes en 1718 ordenaron la construcción de una misión y presidio en lo que es hoy en día San Antonio. Aunque se fundaron una ciudad y cinco misiones más para 1731, a partir de entonces, Texas recibió una atención relativamente pequeña de España. Continuaron los ranchos y las granjas de tipo subsistencia y la población española permaneció pequeña.

Las dificultades de la colonización española en el suroeste fueron todavía más evidentes en la región que sería más tarde Arizona. La búsqueda del oro había llevado a descubrimientos de cobre y plata en la expedición dirigida por Antonio de Espejo en 1583, y más tarde, en 1736, al descubrimiento de ricas minas de plata cerca de Nogales. El padre jesuíta Eusebio Francisco Kino había introducido la agricultura a los indígenas a lo largo de los valles de Santa Cruz y San Pedro y bajando por el Gila hasta el río Colorado. Para mediados del siglo

18, los presidios de Terrenate, Fronteras y Janos protegían a los colonos al norte de Sonora, así como los presidios de Tubac y Tucson que se construyeron más hacia el norte en Arizona.

No fue hasta finales de 1767 en que los informes de un avance ruso al norte de California ocasionaron al rey español Carlos III suficiente ansiedad como para instruir al virrey de Nueva España que investigara el asunto. El visitador general José de Gálvez había planeado calladamente la ocupación de Alta California varios meses antes de que las noticias de la preocupación del rey llegaran a México, pero ahora exageró la seriedad de la amenaza rusa con el fin de obtener el respaldo necesario. En mayo de 1768, pasando por alto los procedimientos normales, el visitador convino una junta gubernamental en el puerto de San Blas que aprobó su plan. Habiendo obtenido fácilmente el beneplácito oficial del virrey Marqués de Croix, Gálvez embarcó en julio hacia La Paz, totalmente preparado para lanzar una expedición por tierra y por mar desde Baja California hacia los puertos de San Diego y Monterey.

Puesto que la propuesta ocupación del territorio norteño había de ser tanto espiritual como militar, el intento en 1769 de colonizar Alta California se denominó la "Expedición Sagrada." Gálvez no dejó nada a la suerte en el planeamiento de la expedición. Equipó a cuatro divisiones - dos por mar y dos por tierra - para que salieran independientemente pero que se reunieran en San Diego. Así, los riesgos de un fracaso total se redujeron grandemente. Gálvez escogió a líderes capaces y expertos, destinados a contribuir significativamente a la permanencia de la colonización de California. Todos recibieron instrucciones individuales sobre cada fase de sus misiones proyectadas.[2]

Se les dio instrucciones a los miembros de la expedición de que "ejercieran el máximo cuidado para no exasperar ni enemistar" a los indígenas. Tenían que hacer todo lo posible para atraerlos y obtener su buena voluntad... mediante obsequios tales como baratijas o comestibles, pero el gobernador de California Gaspar de Portolá no iba a reducir sus propias provisiones de alimentos para los soldados de ambas expediciones.[3] Para 1776, el año en que América se independizó de Inglaterra[4], el padre franciscano Junípero Serra había supervisado la fundación de varias misiones.

Aunque las misiones y los presidios eran instituciones primarias fundadas durante el período español de California, el plan de colonización original del gobernador Felipe de Neve en 1777 había propuesto la fundación de dos pueblos civiles en la provincia. San José en el río Guadalupe, fundado ese año, parecía ser una población permanente para 1781, de manera que Neve procedió a la fundación de su segundo pueblo. Dándose cuenta de la necesidad de un suministro adecuado de agua, escogió un lugar cerca de las riberas del río Porciúncula (Los

Angeles). El primer grupo de colonos destinados para Los Angeles navegaron a través del golfo de California hacia Loreto y de allí hacia la bahía de San Luis Gonzaga. Continuaron por tierra a través de la Misión de San Fernando Velicatá y llegaron a su destino en la Misión de San Gabriel en Alta California el 18 de agosto. Sufriendo de enfermedades y agotamiento, la expedición descansó en la misión durante unas cuantas semanas. El gobernador Neve ordenó la distribución de equipo y, el 26 de agosto de 1781, firmó las instrucciones explícitas para fundar *El Pueblo de Nuestra Señora la Reina de Los Angeles de Porciúncula*.[5]

El 4 de septiembre de 1781, once cabezas de familia - dos españoles , dos negros, un mestizo, dos mulatos y cuatro indígenas - viajaron con sus esposas e hijos (44 personas en total) desde la Misión de San Gabriel a la región plana y llena de pasto indicada por el cabo José Vicente Feliz cerca del río Porciúncula. No lejos de allí podían divisar colinas bajas, de color pardo, cubiertas con grupos dispersos de chaparral y cactos. En la distancia, se elevaban las Montañas de San Gabriel - claramente visibles desde la población. El cabo Feliz asignó tierra a cada colono de acuerdo con una lotería celebrada en la misión.[6] Así es cómo nació la ciudad de Los Angeles bajo auspicios desfavorables, hoy en día es el área más extensa de la nación y la segunda en población.

Aunque California, Arizona y Nuevo México permanecieron relativamente libres de discordias, las sublevaciones a través de la América española fueron el resultado de, según creen muchos, la naturaleza opresiva del sistema colonizador, el creciente resentimiento de las clases bajas contra los españoles peninsulares que ocupaban posiciones de poder en la iglesia y el estado, la infiltración de ideas del Enlightenment y el ejemplo exitoso de las revoluciones americana y francesa. Además, las condiciones existentes en España condujeron a una disensión adicional.[7] Aunque los residentes de la región sabían que se habían producido movimientos hacia la independencia en las colonias españolas más al sur durante casi una década, tenían poco conocimiento directo del progreso de cada uno de los lados. Geográficamente aislados de la participación real, permanecieron nominalmente leales al país materno hasta la derrota de España en 1821.

Miguel Hidalgo, un sacerdote criollo, condujo la primera revolución en Nueva España en 1810. Instilado con ideas francesas de los derechos naturales e inspirado por el éxito de la revolución americana, Hidalgo organizó una banda compuesta mayormente de campesinos indígenas e intentó derrocar al régimen español. Su acometida inicial, comenzada con el *Grito de Dolores* a medianoche del 15-16 de septiembre de 1810, se celebra en México como el Día de la Independencia. Capturado y ejecutado en 1811, Hidalgo se convirtió en un mártir de la causa de la independencia y un héroe de la lucha revolucionaria. Otros tomaron el liderazgo de la lucha. Los californianos sintieron el efecto de estas protestas preliminares mediante una reducción del número de barcos de suministros provenientes de San Blas y el paro de salarios a los funcionarios, soldados, y misioneros. Después de esto, tuvieron que arreglárselas con su propia producción, comercio ilegal y ayuda de las misiones existentes.

La invasión de Texas en 1812 por Bernardo Gutiérrez de Lara, un agente de Hidalgo, fue evidencia del anhelo de la independencia. A pesar de la proclamación por Gutiérrez de que "toda la autoridad legítima debe emanar de la gente"[8], España recapturó rápidamente la provincia. La causa de la independencia mexicana fue poco alentada por la frontera norteña. Los ciudadanos aislados de Nuevo México y Arizona estaban más interesados en su propia supervivencia y lealtad a España que en participar en la lucha por la libertad de México. Los gobernadores de Nuevo México y Texas, Facundo Melgares y Antonio Martínez, permanecieron leales a la corona española. Sin embargo, una vez que México ganó su independencia, esas regiones prometieron acatar al nuevo gobierno.

La gente que vivía en las regiones fronterizas de Arizona escasamente pobladas se dieron cuenta sólo vagamente de la lucha de México por la independencia.[9] Algunos de los funcionarios españoles tomaron simplemente el juramento de lealtad al nuevo gobierno y continuaron en sus puestos durante la primera parte del período de control mexicano. Los residentes de Texas hicieron lo mismo. En 1827, la población mexicana en Texas era solamente de 5,000 dentro de una población de 15,000 inmigrantes de los Estados Unidos. Para 1834, en vísperas de la guerra para la independencia de Texas, la población angloamericana había sobrepasado el número de 20,000. En Nuevo México, el gobernador todavía gobernaba con mano dura, reclutando fuerzas militares locales respaldadas por auxiliares indígenas para proteger la provincia contra ataques externos. Para 1821, la población de Nuevo México, incluyendo a los indígenas Pueblo, a los extranjeros y a la *gente de razón*[10] era de 42,000. Aunque el número de habitantes había llegado a 57,000 para mediados de la década de 1830 y ascendió a 65,000 en 1846, esta provincia había permanecido leal a México.

En California, cuyos residentes habían sobrevivido durante una década mediante el comercio marítimo ilegal, se legalizó el comercio con barcos no mexicanos bajo el nuevo gobierno, lo que representó un factor significativo para el futuro de la región. Sin embargo, algunos residentes expresaron sus temores, "Ruego a Dios," escribió el padre José Señán desde San Buenaventura, "que no permita a estos extranjeros que se encaprichen demasiado con esta provincia."[11] Pero los extranjeros se enamoraron de la provincia, entrando en California primero por mar y luego por tierra desde los Estados Unidos. En la época en que México se independizó de España, había aproximadamente 3,500 personas de descendencia hispana (dos tercios de este número eran mujeres y niños), 20 extranjeros, 20,000 indígenas Misión, y quizás otros 100,000 indígenas diseminados por toda la provincia. Durante los 25 años de control mexicano (1821-1846), la población no indígena de California aumentó desde unos 3,500 a unos 14,000 - pero la gran mayoría de los recién llegados eran extranjeros de manera que en 1846 sólo había unas 7,000 personas de habla hispana.

Los demás 7,000 consistían principalmente en americanos que habían entrado en California primero como comerciantes individuales y luego, después de 1841, como miembros de las caravanas organizadas de carretas para inmigrantes que llegaban todos los años. Cuando México entró en guerra contra los Estados Unidos en 1846, estos americanos naturalmente se unieron a la causa de su propio país y se esforzaron con cierto éxito para que los nativos *californios* abrazaran la causa americana. Subrayaron la característica confusión política del régimen mexicano en California y elogiaron los beneficios de formar parte de los expansivos y progresivos Estados Unidos.[12] Por una parte, criticaron los métodos autocráticos del gobierno central de México y, por otra, comentaron la falta de apoyo y control efectivos.[13]

Por regla general, los ciudadanos mexicanos de California aceptaron gustosamente a los inmigrantes extranjeros iniciales - un grupo mixto que incluía a hombres de nacionalidades americana, británica, francesa, alemana y otras - los cuales se casaron con las hijas de habla hispana de las familias locales y participaron en la vida económica, social y política de la provincia.[14] Se hispanizaron socialmente y algunas veces culturalmente, pero raras veces económicamente, ya que la mayoría estaba apegada a una ética de trabajo y beneficio de Nueva Inglaterra que los había impulsado a esta región en primer lugar. En 1830, vivían en California unos 120 extranjeros y este número ascendió a 380 para 1840. No fue hasta que los americanos llegaron en grandes caravanas de carretas con sus propias familias que los *californios* empezaron a desconfiar y resentir su intrusión, aunque incluso entonces los primeros "*rancheros yanqui*" ablandaron el golpe de la infiltración y conquista por los Estados Unidos.

La influencia económica americana fue ciertamente intensa bajo el régimen mexicano pero el papel desempeñado por México en la dirección de los asuntos provinciales no debe desecharse a la ligera. Los problemas de distancia continuaron dificultando la comunicación y la supervisión estrecha, pero las provincias norteñas de México no sufrieron ninguna falta de personal administrativo, directivas oficiales o proclamaciones legislativas provenientes de la Ciudad de México. Además, las leyes mexicanas habían permitido una colonización siguiendo un patrón estrictamente español que alentaba la existencia de pequeños enclaves municipales circundados por extensos *ranchos*, lo cual distinguió el desarrollo del suroeste de los demás territorios de Estados Unidos.[15]

Una importante proclamación legislativa del nuevo gobierno mexicano fue la Ley de Colonización del 18 de agosto de 1824. Para poblar las provincias distantes, tales como California, Arizona, Nuevo México y Texas, la ley solicitó la inmigración extranjera, ofreciendo a aquellos que se hicieran ciudadanos mexicanos tierras gratis hasta un total de 11 leguas cuadradas: una legua cuadrada que pudiera considerarse irrigable, cuatro para el cultivo seco y seis para pastos.[16] Las tierras no podían estar dentro de una distancia de 20 leguas de una frontera internacional ni dentro de 10 leguas de la costa. Aunque los ciudadanos mexicanos nativos, especialmente los veteranos, recibieron preferencia en la distribución de las tierras, la ley especificaba que los extranjeros que satisfacían los requisitos de ciudadanía recibirían un tratamiento igual. En 1828, se decretó una ley de colonización adicional, como suplemento a la ley de 1824, que delineaba los procedimientos apropiados que debían seguirse para obtener una concesión de tierras por mediación del gobernador del territorio respectivo. Estas nuevas leyes dieron como resultado un aumento tremendo del número de concesiones de ranchos privados, especialmente en California.[17] Los americanos ya habían empezado a colonizar Texas bajo las liberales concesiones "de empresario" otorgadas a Moses Austin en 1820 e implementadas por Stephen Austin durante el período temprano de control mexicano.[18]

Aunque el joven Austin sufrió varias demoras, pasando casi un año en la Ciudad de México durante 1822, recibió por fin la "autorización de traer [a Texas] a trescientas familias de carácter moral apropiado que aceptaran abrazar la religión católica; cada familia recibiría una *labor* (177 acres) de tierra cosechable y setenta y cuatro *labores* para la cría de ganado, por un total de un *sitio* o legua cuadrada (4,428 acres]."[19] Austin cobraría alquileres de 1/2 centavos por acre y recibiría una bonificación de 65,000 acres cuando se hubieran establecido 200 familias en la concesión. La inmigración fue lenta, pero se desarrolló una pequeña colonia cerca del pueblo de San Felipe de Austin. Sin embargo, para 1825, había unos 2,021 residentes, de los cuales 443 eran esclavos, alistados en un censo.[20] La generosa política de concesión de tierras del gobierno mexicano condujo a concesiones "de empresario" adicionales. El estado de Coahuila-Texas había decretado su propia ley de colonización en marzo de 1825 y dentro de seis semanas se firmaron cuatro contratos que permitían la colonización de 2,400 familias. Para 1829 se había firmado un total de 15 contratos, incluyendo los de David G. Burnet, un americano, Joseph Vehlein, un alemán, y Lorenzo de Zavala, un mexicano. En conjunto, estas concesiones cubrían un área contigua desde el norte del río San Antonio hasta la frontera de Luisiana, con lo que para 1830 la población "extranjera" de Texas aumentó a unos 8,000 habitantes, con aproximadamente 1,000 esclavos afroamericanos.

Cuando los deseos de los colonos americanos en Texas - retención de esclavos, preferencia por al protestantismo y un sentimiento general de que el gobierno mexicano no simpatizaba con sus deseos - eclipsaron su gratitud a México por su liberal política de concesión de tierras, los texanos iniciaron agitaciones para que se produjera un cambio favorable en la estructura del gobierno. En vez de ello, México decretó la ley de colonización del 6 de abril de 1830 que hacía ilegal la inmigración adicional de Estados Unidos a Texas, anuló su Constitución liberal de 1824 y creó una discordia adicional.[21] El fracaso de llegar a un compromiso en los temas clave impulsó a los texanos a que trataran de separarse, un objetivo que se logró en abril de 1836. Las negativas iniciales del Congreso de EE.UU. de aprobar la anexión dejó a Texas con una frontera que nunca se había establecido claramente y un México amargamente desconsolado que rehusó reconocer la independencia de Texas.[22] Sin embargo, la nueva república no renunció sus planes de unirse a los Estados Unidos y James K. Polk declaró claramente que las metas de la elección de 1844 eran la "reanexión de Texas" y la "reocupación de Oregón." Las acciones de los Estados Unidos en 1845, sin ningún intento de esclarecer la frontera sureña, conduciría a hostilidades abiertas.

California, aunque experimentó la llegada de muchos extranjeros, permaneció claramente dentro del control mexicano desde 1821 a 1846. Los nuevos barcos que llegaban a California desde Boston pagaban cuotas de embarque en Monterey si deseaban obedecer la ley mexicana o bien corrían su propia suerte si trataban de sobornar a los oficiales de aduanas. Trajeron muebles, ropas, vestidos confeccionados y otros artículos recibidos con agrado del este a cambio de los productos de California. Sus agentes viajaban hacia el interior y visitaban las misiones y los ranchos para adquirir pieles y sebo. San Diego ofrecía el puerto mejor y de acceso más fácil para el comercio de pieles y se convirtió en un centro popular para el curtido de pieles. San Pedro, de acceso difícil, se usaba menos puesto que algunas veces los marineros tenían que remar tres millas para llegar a la costa.[23] Se les rehusó al principio el permiso de permanencia a los tramperos de pieles que venían por tierra pero las leyes se hicieron menos estrictas a partir de 1831.[24]

Hacia el este, en Nuevo México, el fin del control español en 1821 coincidió con el principio de la penetración comercial por los Estados Unidos. El Camino de Santa Fe se convirtió en un puente de tierra entre la frontera occidental escasamente poblada de Estados Unidos y los puestos de avanzada norteños de México todavía menos poblados. Tanto el comercio marítimo desde Boston como el comercio con las caravanas de carretas de Santa Fe debilitaron la conexión mexicana, mientras se combinaban para reorientar el comercio de la región. En Nuevo México, el impacto local inicial del comercio con los americanos incluyó un suministro más grande de mercancías, una salida de los productos locales y una transformación gradual de la provincia en una posición de intermediario, en vez de consumidor final, dentro de una red comercial que se extendía desde Misuri hasta Chihuaha y Durango. Incluso los pesos de plata, escasos hasta entonces, llegaron a Santa Fe, aunque no permanecían mucho tiempo allí antes de ir a parar a los insaciables centros comerciales de Misuri. Los perdedores en esta nueva red comercial fueron los del sur y especialmente el gobierno nacional mexicano, pues estaba casi sin poder para poder implementar las regulaciones fácilmente evadidas, lo que daba como resultado la falta de pago de los aranceles de aduanas y de los impuestos.

Las cuestiones internacionales del suroeste no se solucionaron tan fácilmente. A medida que empeoraron las relaciones diplomáticas entre Estados Unidos y México sobre la anexión de Texas y la localización de la frontera sureña, se produjo un movimiento de tropas de ambos países hacia el área disputada entre el río Nueces, que era la frontera histórica de Texas,[25] y el río Grande, la línea de demarcación reclamada por los texanos. De acuerdo con los historiadores Michael Meyer y William Sherman, era indudable la validez de la reclamación mexicana. "A través de todo el período colonial la frontera occidental de Texas había sido el río Nueces. Cuando Moses Austin recibió su concesión de tierras... la frontera occidental era el río Nueces y así también cuando se reafirmó tal concesión a Stephen Austin. Pero a pesar de miles de documentos coloniales españoles, documentos mexicanos y mapas confiables, en diciembre de 1836 el Congreso de la República de Texas declaró que el río Grande era la frontera occidental."[26]

Durante la primavera de 1846, después de meses de guardar las respectivas distancias con dificultad, comenzaron las hostilidades el 25 de abril de 1846, cuando los soldados mexicanos, creyendo que estaban en territorio mexicano al norte de río Grande, dispararon sobre las tropas americanas. Precisamente dos días antes, el presidente mexicano General Mariano Paredes había declarado que la negación de las tropas americanas de retirarse hacia el otro lado del río Nueces ponía en sus manos la responsabilidad de "ordenar el rechazo de las tropas americanas que estaban actuando como si fueran fuerzas enemigas."[27] No estaba llamando enemigos a los americanos sino personas "actuando" como tales.

Sin embargo, el 9 de mayo, el presidente Polk, después de recibir noticias de que se habían efectuado disparos, completó su mensaje de guerra previamente escrito con su infame declaración de que "se había derramado sangre americana en suelo americano" y pidió la declaración de guerra contra México. La oposición inmediata a la guerra llegó de los norteños, quienes temían la creación de estados agrícolas con una expansión de la esclavitud, así como de los políticos Whig del sur y del oeste que querían desacreditar al líder democrático Polk, e incluso de los propietarios de plantaciones del sur, los cuales no querían abrir la controversia de la esclavitud. El representante Whig Abraham Lincoln de Illinois propuso que Polk tenía que demostrar que el lugar en que se derramó sangre era realmente tierra americana.[28] No obstante, a pesar de intensos debates, la guerra continuó. El oeste expansionista proporcionó casi 40,000 voluntarios mientras que el sur envió a unos 21,000. Menos de 8,000 llegaron de las regiones densamente pobladas del noroeste.[29] Hoy en día, la controversia relacionada con la causa inmediata de la guerra se ha recordado menos en la literatura actual que el sentimiento entre muchos americanos de que el "Destino Manifiesto" de los Estados Unidos era la ocupación de todo el continente desde una costa a la otra.

En California, después de 1841, era bien conocido que el gobierno mexicano permitía que los extranjeros solicitaran concesiones de tierras y que existían oportunidades de colonización cerca de Sacramento y San Francisco. A pesar de la actitud benevolente de México, la religión católica dominante también sacó a lucir los prejuicios de muchos protestantes que llegaban a estas tierras previamente españolas. Las actitudes antimexicanas, que iban desde la "xenofobia contra los católicos y los españoles hasta el prejuicio racial contra los indígenas y los negros,"[30] provenían de las ideas traídas a América del Norte por los inmigrantes ingleses, cuyos conocimientos se basaban en la literatura anticatólica y antiespañola diseminada por los líderes religiosos y los hombres de letras a partir del siglo 17. Los conflictos militares con los españoles que surgían a lo largo de la frontera de Georgia-Florida también contribuyeron a una aversión de todo lo "papista."[31]

Se dio el caso de que en la primavera de 1846, el teniente John Frémont del cuerpo de Ingenieros Topográficos de Estados Unidos se encontraba viajando en California en una expedición de elaboración de mapas cuando su presencia cerca de Sutter's Fort le asignaría un papel clave en la ocupación americana de California. Aunque Thomas Larkin, cónsul americano en Monterey, había recibido instrucciones de Polk de que trabajara entre bastidores para la independencia de California, el papel desempeñado por Frémont ha sido el objeto de considerable controversia."[32] Frémont estaba convenientemente a mano para respaldar al grupo de americanos que habían instigado una sublevación en el norte de California contra los funcionarios mexicanos y declararon la independencia de la "República con la Bandera del Oso" en junio de 1846.[33] Escasamente un mes más tarde, la marina estadounidense izó la bandera americana sobre Monterey y San Francisco. La lucha adicional en California fue esporádica y los mexicanos hicieron lo máximo que pudieron por defender la provincia contra las fuerzas militares combinadas de la Marina, Ejército y Cuerpo de Infantería de Marina de los Estados Unidos.

fornios nativos, Kit Carson llevó las noticias de que el Sur de California estaba bajo control americano al ejército del oeste dirigido por el general Stephen Watts Kearny en su marcha de 1,000 millas por tierra hacia California desde Fort Leavenworth, Kansas. Junto con el coronel Alexander Doniphan, Kearny se había trasladado a Nuevo México, llegando a Santa Fe el 18 de agosto de 1846. Trajo consigo a sacerdotes católicos y estableció un acuerdo con el gobernador Manuel Armijo de que entraría en la ciudad pacíficamente. Después de asegurar el control americano de Nuevo México, Kearny se dirigió hacia California. Kearny envió a 200 de sus 300 dragones de nuevo a Santa Fe y continuó optimísticamente su ruta hacia el sur. En la confluencia de los ríos Gila y Colorado, Kearny interceptó a un mexicano que llevaba un mensaje de que se había producido una contrarrevolución y de que las tropas de los *californios* habían reconquistado Los Angeles. Kearny se enteró más tarde de que el rumor era cierto y cambió su destino de Los Angeles a San Diego. Se dirigió hacia el valle de San Pascual, cerca de lo que hoy es Escondido, el 4 de diciembre de 1846.

Las fuerzas de los *californios* bajo el comandante Andrés Pico y el teniente Leonardo Cota tenían un total de 75 a 80 hombres.[34] En la fría y húmeda noche del 5 de diciembre, Pico y sus tropas irrumpieron en el pueblo indígena de San Pascual, se apoderaron de las tiendas de los indígenas y encendieron unas cuantas fogatas para una cena provisional. La mayoría de los hombres, expertos en caballería, llevaban una reata y una lanza de ocho pies con punta de acero. Por lo general, eran hombres jóvenes, aunque no eran soldados normalmente entrenados, que luchaban por defender su tierra natal. Llegó un indígena al campamento después de la puesta del sol y dijo que había soldados americanos en el área. Pico pareció no creerlo.[35] Pero, de todas formas, preparó a sus hombres para hacer frente a su destino.

Las tropas americanas, agotadas por su abrumadora marcha de 1,000 millas por el desierto, desde Nuevo México a través de Arizona hasta el sur de California, no estaban en condiciones para luchar. La llovizna inesperada en las montañas les había humedecido la pólvora y sus monturas, debilitadas por la marcha, no podían compararse con las de los lanceros de California. Los americanos, sin embargo, condujeron el ataque al amanecer del 6 de diciembre. A la primera andanada, los californianos se dieron a la fuga y los americanos que los perseguían se extendieron en línea y quedaron sin protección. De repente, los lanceros dieron media vuelta a sus monturas y cargaron contra la línea americana extendida, destrozándola. El general Kearny recibió dos serias heridas y perdió a 18 de sus hombres. Otros tres murieron más tarde y 17 recibieron serias heridas. Aunque los americanos estaban derrotados, Pico y sus hombres, que sólo doce de ellos estaban heridos, abandonaron el campo, dejándolo a los heridos y moribundos. La batalla duró media hora aproximadamente. Al día siguiente, los dragones americanos fueron atrapados en Mule Hill, padeciendo de hambre y sed hasta que llegaron refuerzos de San Diego el 11 de diciembre. Pico también había tratado de conseguir refuerzos, pero las dificultades que surgieron en Los Angeles el 4 de diciembre le impidieron conseguir ayuda.

El ejército reducido de Kearny unió sus fuerzas con las del comodoro Robert Stockton en una marcha hacia Los Angeles, en donde tuvo lugar la batalla final en las praderas de La Mesa, cerca de San Gabriel, el 9 de enero de 1847. El líder californiano José María Flores, temiendo la represión americana, huyó a Sonora. Cuatro días mas tarde, Andrés Pico, sin ninguna ayuda en perspectiva, se rindió ante John Frémont en Cahuenga Pass y se terminaron las hostilidades en California. Unos cuantos meses más tarde, Pico escribió.”...la moral de la gente se ha derrumbado debido a la falta de recursos,... yo y mis compatriotas hemos realizado los últimos esfuerzos posibles, a pesar de la falta extrema de pólvora, armas, hombres y todo tipo de suministros.”[36]

El capitán Archibald H. Gillespie izó la bandera americana sobre Los Angeles por segunda vez - lo que debió haber considerado como un honor algo dudoso. Los *californios*, sin suficiente poder para borrar los años de disensión interna entre sus líderes e incapaces de resistir a las fuerzas del ejército y navales combinadas de los invasores americanos, se rindieron, aceptando un nuevo futuro y una nueva autoridad. La guerra en California se terminó con la capitulación de Cahuenga, acordada entre las fuerzas mexicanas y americanas el 13 de enero de 1847.

Durante la guerra en sí, las lealtades de los *californios* fueron ambiguas y divergentes. En San Diego, por ejemplo, ciertas familias líderes, incluyendo a los Bandini, Argüello y Pedrorena apoyaron la ocupación americana, mientras que otras familias, tales como los Osuna, Ibarra, Cota y Machado no lo hicieron. Algunas familias, como los Carrillos, se dividieron, con participantes en cada lado. Henry Fitch, el esposo comerciante de Josefa Carrillo, suministró provisiones a las tropas americanas mientras que algunos miembros de la familia Carrillo se unieron a los compatriotas mexicanos para expulsar a los invasores americanos.[37] Se experimentaron conflictos similares en todas las partes del suroeste.

Cuando se terminó la guerra en California, la lucha continuó en otros frentes. Dirigidas por el general Zachary Taylor, las fuerzas estadounidenses marcharon hacia el sur desde Texas, derrotando al ejército mexicano dirigido por el general Antonio López de Santa Anna[38] en febrero de 1847. Poco después, en marzo de 1847, el general Winfield Scott desembarcó en Veracruz e inició su marcha hacia la capital mexicana. Después de participar en varias batallas y derrotar a las tropas de Santa Anna durante la primavera y verano de 1847, Scott izó la bandera americana sobre el Palacio Nacional de la Ciudad de México en septiembre de ese año.[39]

Como resultado de la guerra, se confirmó la anexión de Texas por los Estados Unidos y la esclavitud continuó expandiéndose en este estado. Los residentes de Nuevo México aceptaron el cambio con pocas protestas, especialmente cuando el general de brigada Kearny prometió que los Estados Unidos respetarían a las personas y propiedades del área conquistada, y que los habitantes obtendrían la ciudadanía inmediata de la nación invasora. Arizona, poco afectada por la guerra entre Estados Unidos y México, tenía sólo dos ciudades principales en el área: Tubac y Tucson, cada una con un presidio del ejército. Puesto que la labor que realizaban los misioneros con los Pimas a lo largo de los ríos Gila, San Pedro y Santa Cruz había acostumbrado a los indígenas americanos a ver a visitantes extranjeros, las expediciones militares que cruzaron Arizona experimentaron pocas dificultades.

El corredor de Arizona, establecido por los padres españoles y Juan Bautista de Anza a fines del siglo dieciocho, continuó siendo usado por las expediciones militares que lo cruzaban durante sus idas y venidas de California. Primero, el general José Castro, líder de la resistencia mexicana en California, cruzó el terreno hacia Sonora en 1846. Kit Carson siguió la misma dirección cuando llevaba noticias al este sobre la guerra. Poco después de la conquista de Nuevo México, el general Kearny siguió el río Gila hasta la unión del Colorado con California. El área de Arizona al norte del río Gila se convirtió en parte de los Estados Unidos como resultado del Tratado de Guadalupe Hidalgo.

Firmado el 2 de febrero de 1848, este tratado puso fin a la guerra, despojó a México de aproximadamente el 50% de su terreno a cambio de 15 millones de dólares y prometió una paz perpetua entre los Estados Unidos y México.[40] El artículo V estableció la línea fronteriza entre los dos países,[41] y el artículo VIII garantizó a los mexicanos residentes en los territorios conquistados el derecho de hacerse ciudadanos americanos y retener el título de propiedad de sus tierras.[42] Muchos de ellos se hicieron ciudadanos americanos, pero no todos recibieron el título limpio de sus tierras. De hecho, uno de los principales problemas al principio del período de autoridad americana fue la falta de concesión a muchos mexicanos del título de propiedad de sus propios ranchos. En California, por ejemplo, los reclamantes que representaban a familias establecidas tales como los Verdugo, Coronel, Lugo, Peralta y Estudillo batallaron durante años en los tribunales para lograr un título limpio, pero todo fue inútil puesto que al final perdieron sus tierras como resultado de hipotecas y deudas incurridas para poder sufragar los impuestos y los gastos judiciales.[43]

En California, la categoría de estado se obtuvo rápidamente. Varios factores aceleraron la aceptación por el Trigesimoprimer Congreso del trigesimoprimer estado, el cual rompió el equilibrio seccional existente por largo tiempo entre el norte y el sur, favoreciendo al norte con la admisión de California como un estado libre. El inmenso aumento de la población como resultado de la Fiebre del Oro en 1849 permitió que los recién llegados solicitaran la inclusión del estado en la Unión como socio de derechos completos. Cuando las cosas parecían desfavorables, California amenazaba no muy sutilmente que quizás fuera necesario formar una nueva nación, una República del Pacífico. Esta amenaza, tan irreal como parece ahora, fue efectiva porque los Estados Unidos no querían privarse de las grandes riquezas minerales que la guerra les había dejado. Una vez que se sosegó a los estados del sur con la promesa de que los nuevos territorios se organizarían sin que se prohibiera la esclavitud, California fue admitida como estado el 9 de septiembre de 1850.

La ruta de carretas abierta por el batallón mormón comenzó a usarse inmediatamente por los buscadores de oro que se dirigían a California en 1849.[44] Sólo después de que tuvo lugar la Gadsden Purchase (Compra de Gadsden) de 1853, la cual dio a los Estados Unidos una gran sección de terreno que se extendía desde el río Gila hacia el sur hasta la frontera actual entre Arizona y el estado mexicano de Sonora, algunos de los que viajaron a través de Arizona se quedaron allí como colonos. El sur de Arizona había sido explorado por el teniente A. W. Whipple y su grupo expedicionario en 1853 en el estudio para el Ferrocarril del Pacífico y, a medida que más y más americanos se familiarizaban con el área alrededor de Tucson, se dieron cuenta de la necesidad de un terreno adicional para el ferrocarril y para la agricultura. James Gadsden, Ministro estadounidense en la Ciudad de México, hizo los arreglos necesarios para la adquisición del terreno a través del general Santa Anna por la cantidad de 10 millones de dólares en diciembre de 1853. Este acto arrojó al polémico líder fuera del poder por última vez, dejando como secuela una guerra civil entre los liberales y los conservadores que dominaría la política mexicana durante muchos años venideros.

Los residentes de Nuevo México no disponían de ningún medio de influencia para forzar a los Estados Unidos a que dieran a Nuevo México la categoría de estado. No podían hacer nada para obligar al gobierno a que actuara. Cuando el otorgamiento de la categoría de estado se demoró una y otra vez, se redujo a un mínimo la oportunidad de que los residentes de habla hispana pudieran participar en algún nivel político elevado. Aunque eran muchas las razones que se atribuían a la demora de más de 60 años transcurridos entre la conquista y obtención de la categoría de estado final, una de las razones más pertinentes era el problema de asimilar a una población que no hablaba inglés. Arizona, como parte de Nuevo México, se incorporó primero en el Condado de Doña Ana y más tarde se le designó como Condado de Arizona. Después de una larga y difícil lucha, Arizona logró el estado de territorio separado en 1863. Muchos residentes de Nuevo México y Arizona continuaron hablando el español y manteniendo las leyes y costumbres de sus gobiernos anteriores, especialmente en el compartimiento de los escasos recursos de agua. Aunque el camino hacia la obtención de categoría de estado fue largo y arduo, tanto Nuevo méxico como Arizona fueron admitidos en la Unión en 1912.

El final de la guerra americomexicana no facilitó las incómodas relaciones que habían existido entre los Estados Unidos y México desde el principio de la independencia. Sin embargo, los Estados Unidos apoyaron el caso de Benito Juárez, un indígena Zapoteca determinado de Oaxaca que dominó las políticas liberales de México durante las décadas venideras. Debido a la guerra civil americana, los Estados Unidos pudieron hacer poco al principio contra la intervención francesa en México durante la década de 1860. Sin embargo, cuando se terminó la guerra civil, la presión americana dio un giro a los acontecimientos y los franceses se retiraron. Los problemas fronterizos durante aquellos años consistieron principalmente en robos de ganado, ataques por los indígenas y saqueos por los bandidos[45], pero éstos se redujeron a un mínimo con la venida de Porfirio Díaz, primero como presidente y más tarde como dictador hasta 1910.

Debido a que Díaz logró pacificar al país y construir carreteras seguras para viajar, a pesar de que lo hizo con una eficiencia brutal, fue respetado tanto por los americanos como por los europeos. La construcción de las redes de ferrocarril junto con grandes inversiones por los americanos y otros extranjeros en bienes raíces y en las industrias minera, banquera y petrolera, trajeron a Díaz prestigio y reconocimiento. Desafortunadamente, la gente mexicana no se benefició de la nueva economía y aunque desde el exterior parecía que México estuviera realizando grandes avances, los mineros, los ferroviarios, los peones indígenas, los terratenientes que habían perdido sus tierras y los periodistas de clase media estaban soñando con reformas sociales y políticas. Aquellos que creían que no se podía hacer nada o que no se haría nada para cambiar la situación estaban emigrando en gran número a los Estados Unidos. Las ciudades fronterizas de Tijuana y Mexicali aumentaron en población y los líderes rebeldes, tales como Ricardo Flores Magón, encontraron a gente con ideas similares en los Trabajadores Industriales del Mundo que se dirigían hacia el sur y oeste de los Estados Unidos.

La Revolución Mexicana, que comenzó en 1910 y duró casi una década, condujo a una explosión final de hostilidad que involucraba la frontera entre los Estados Unidos y México. Después de que Francisco Madero, el primero que se hizo cargo de la presidencia como reformador en noviembre de 1911, fue víctima de la trama de un asesino, hubo tres líderes que portaron la bandera de la revolución durante los próximos seis años: Pancho Villa en el norte, Venustiano Carranza en la región central alrededor de la capital y Emiliano Zapata en el sur.[46] Durante la guerra, los Estados Unidos habían intervenido ocupando Veracruz.[47], una acción tan amargamente resentida por México que la oposición de Carranza a esta acción aumentó considerablemente su popularidad. Pancho Villa, por otra parte, deseaba la aprobación de los Estado Unidos, pero eventualmente cayó en desgracia con los demás jefes revolucionarios. Aunque al principio fue encomiado como un héroe por los periodistas al norte de la frontera, Villa comenzó a ser criticado por los Estados Unidos. Sintiéndose traicionado y abandonado por los que habían sido sus amigos, Villa comenzó una guerra privada.[48] En enero de 1916, su "ejército" detuvo un tren que llevaba mineros americanos en Sonora y los mató a balazos. Dos meses más tarde, las fuerzas de Villa invadieron la ciudad de Columbus en Nuevo México, asesinando a varios habitantes de la ciudad.

Como represalia, el presidente Woodrow Wilson, con la aprobación tácita de Carranza, envió una expedición punitiva de 10,000 hombres dirigida por el general de brigada John J. Pershing para que capturara a Villa. Buscándolo en vano sobre terrenos escabrosos durante varios meses a finales de 1916, las tropas americanas fracasaron en sus esfuerzos, mientras el escurridizo bandido se ganaba el apoyo popular por haber desafiado a los Estados Unidos. Finalmente, a principios de 1917, con la perspectiva de entrar en guerra contra Alemania, Wilson ordenó a que sus fuerzas salieran de México. Estando Carranza en control completo como presidente de México, los villistas se desbandaron y Zapata, una espina en el costado del nuevo gobierno, cayó en una emboscada y fue asesinado por un oficial carrancista. A excepción de una incursión final en México, que tuvo lugar cuando Villa y una banda de revolucionarios descontentos atacaron a Ciudad Juárez y una fuerza militar americana cruzó el río Grande para expulsarlo, no hubo otros incidentes fronterizos que involucraran a las fuerzas militares.

La tormentosa década revolucionaria de México de 1910 a 1920 llevó a los Estados Unidos otra oleada de inmigrantes del sur de la frontera para empezar una nueva vida. Los Angeles y otras ciudades de California, junto con las ciudades fronterizas de

Nuevo México, Texas y Arizona, se convirtieron en sus destinos principales. La población de habla hispana en estas áreas junto con los descendientes de mexicanos que habían vivido en los Estados Unidos antes de la guerra americomexicana y durante la última mitad del siglo 19, continuaron teniendo un impacto cultural y económico considerable. EL legado de España y México se ha hecho aún más aparente a medida que los nuevos inmigrantes agregaron su experiencia a la industria, al cultivo de la tierra, a la prepararación de alimentos y a la producción de artes y obras de artesanía tradicionales.

A través del suroeste, a medida que los nuevos desarrollos comerciales e industriales con nombres históricos tales como Rancho de los Peñasquitos, Rancho Jamul y Rancho Cordova van llenando el terreno con viviendas de tipo misional y centros comerciales, el legado de España y México continúa siendo evidente. Los recién llegados a California se maravillan ante la abundancia de nombres españoles a lo largo de las atareadas autopistas y quizás pueden imaginarse aquellos días tranquilos en que había ranchos ganaderos en vez de condominios en las faldas de las colinas ondulantes. Aunque los tiempos han cambiado y la vida en el suroeste ha dado paso a un ritmo más frenético, este colorido legado y la creciente población de origen hispano han mantenido a la región en contacto con su histórico pasado. Al norte de San Diego, la autopista actual sigue la ruta de El Camino Real de España a través de ciudades nombradas San Dieguito y Encinitas. Entre las misiones restauradas se incluyen la de San Luis Rey de Francia, cerca de Oceanside, y la de San Juan Capistrano, sede de las legendarias golondrinas que regresan todos los años. La ciudad de Los Angeles, cuyos residentes hispanos constituyen hoy en día aproximadamente el 40 por ciento de la población total, todavía retienen los nombres de muchos lugares que atestiguan su legado español y mexicano. La plaza y la iglesia originales de la ciudad están ubicadas cerca del depósito ferroviario de Santa Fe de estilo misional y en las cercanías hay calles con nombres tales como Olvera, Alameda, Figueroa, Pico y Sepulveda. Entre las áreas suburbanas se incluyen las de Pico Ribera, San Fernando, Santa Anita y La Cañada. Los estandartes de Castilla y León y el águila y la serpiente mexicanas aparecen en el escudo de armas de la ciudad y el palacio de justicia emplea a más de 200 intérpretes de habla hispana.[49]

El legado español, quizás más intenso todavía en Nuevo México, no fue solamente un medio de acomodo. Con frecuencia, se encuentra un doble legado en la política y en la ley y hay muchas otras evidencias visibles al observador casual. Los nombres de lugares geográficos, las comidas, las celebraciones, los vestidos locales, las costumbres y las observancias religiosas continúan dando evidencia de que España y su cultura colocaron una vez su sello indeleble en la región. Las tradiciones que aparecen en la arquitectura, esculturas folklóricas religiosas, tejidos y otras artes son expresiones vivas de su origen y persistencia culturales.

Los angloamericanos que llegaron a Arizona después de 1848 fueron testigos del legado de España, especialmente en la minería, en los ranchos y en la agricultura. Muchas de las leyes que Arizona incluyó en su constitución se sacaron casi textualmente del código español, y muchas de las prácticas de la vida durante la época temprana de Arizona eran las de los colonos hispanomexicanos. Los mexicanos que vivían en Tucson después de 1856 continuaron siendo comerciantes, políticos, artistas e intelectuales, formando una sociedad mexicana de clase media en los Estados Unidos. Debido a que muchas de la familias originales tenían parientes y estrechos lazos comerciales a ambos lados de la frontera, Arizona mantuvo una estrecha relación con el estado mexicano de Sonora. San Xavier del Bac en Tucson, una activa misión franciscana para los indígenas Papago, es un monumento histórico nacional registrado, y es totalmente funcional. Las estatuas del padre jesuita Eusebio Kino, esculpidas por Julián Martínez, un español que vivía en la Ciudad de México, adornan tanto el Boulevard Kino en Tucson como la calle principal en Magdalena, Sonora. Estos restos físicos ofrecen un importante balance al legado angloamericano de Arizona de las últimas décadas. Aproximadamente el 25 por ciento de la población de Arizona es de habla hispana y el porcentaje de personas con apellidos hispanos va aumentando imperturbablemente. La impresión de la ocupación temprana de la región por España continúa viviendo en los nombres de los lugares, así como en los monumentos históricos y en la identidad cultural.[50]

Debido a que los angloamericanos entraron en Texas en números tan grandes a principios del siglo 19, Texas fue grandemente influenciada por los recién llegados de origen alemán, inglés y del norte de Europa. Una gran parte del legado español y mexicano fue oscurecido por los recién llegados, aunque continúa siendo muy viable en la región sureña del estado. Los nombres de lugares tales como Hidalgo, El Paso, Laredo, Bexar y San Antonio son testigos de este legado. La música, la comida y las celebraciones tales como la Fiesta anual de San Antonio también reflejan el pasado. El legado español y mexicano de la región continúa hablando de la larga historia de Texas antes de convertirse en estado.

Sin embargo, el acomodamiento de las personas de habla hispana en los Estados Unidos nunca fue un objetivo primario. Comenzando con la anexión de Texas en 1845, los ciudadanos mexicanos se sintieron enajenados y durante la Fiebre del Oro en California en 1848 y después, los mineros mexicanos sufrieron discriminación y hostilidad manifiesta. El maltrato de los mexicanos se renovó durante la Depresión en la década de 1930, cuando muchos inmigrantes e incluso ciudadanos nacidos en América fueron repatriados (deportados) a México. Finalmente, en tiempos recientes, cuando la inmigración ilegal y el contrabando de drogas se han convertido en fuentes principales de conflicto, los sentimientos de aceptación y bienestar entre las personas de descendencia mexicana[51] se han comprometido a menudo.

Aproximadamente un tercio del terreno actual de los Estados Unidos constituía anteriormente la mitad del terreno de México. Entonces, ¿quiénes son los recién llegados? Por una parte, Estados Unidos reconoce su tremenda deuda a México y a la mano de obra mexicana por el progreso económico y social tanto en el pasado como en el presente, pero por otra parte desea mantener el terreno que adquirió de México en 1848 bajo estrictas cuotas de inmigración que impiden que los mexicanos meritorios ocupen su territorio anterior. No hay ninguna respuesta satisfactoria a este dilema, pero debe evitarse una repetición de las injusticias del pasado. Hoy en día, las personas de descendencia mexicana deberían tenerse en gran estima y ser reconocidas por su contribución a lo que denominamos frecuentemente "El Sueño Americano".

NOTAS

[1] Hoy en día la lengua inglesa contiene muchas palabras españolas, tales como rodeo, canyon, plaza, fiesta y otras, así como otras derivadas del español, tales como "lariat" de *la reata* y "buckaroo" de *vaquero*.

[2] Los documentos referentes a la expedición se encuentran en la Bancroft Library, Universidad de California, Berkeley.

[3] José de Gálvez, Instrucciones para las expediciones a San Diego y Monterey, Ms. The Bancroft Library.

[4] Vea la obra de Irving Berdine Richman, *California under Spain and Mexico, 1535-1857* (Boston: Houghton Mifflin, 1911).

[5] Instrucciones para la Fundación de Los Angeles, MS. The Bancroft Library.

[6] La palabra española *suerte* puede significar "lot", "chance" o "luck" en inglés.

[7] El rey español Carlos IV, tenido en cautiverio por Napoléon desde 1808, abdicó en favor de su hijo Fernando VII, también en exilio. Joseph Bonaparte ocupó el trono español hasta 1815.

[8] Vea a David Weber, *The Mexican Frontier, 1821-1846: The American Southwest Under Mexico* (Albuquerque: University of New Mexico Press, 1982), p. 10.

[9] La población no indígena de Arizona era mucho menos numerosa en su totalidad. Junto con los soldados y colonos de Tucson aumentó desde 62 en 1819 hasta 465 en 1831.

[10] Literalmente el término "gente de razón" se usaba para distinguir a los españoles e indígenas cristianos de los indígenas no convertidos.

[11] Vea a Lesley Byrd Simpson, ed. y Paul Nathan, trans., *Letters of José Señan, O.F.M. Mission San Buenaventura, 1796-1823* (San Francisco: John Howell Books, 1962).

[12] Vea a David Weber, *The Spanish Frontier in North America* (New Haven: Yale University Press, 1992), pp. 336-341 para una discusión de las actitudes angloamericanas hacia las personas de descendencia hispana.

[13] Tal como Enrique Krauze lo resumió en *Mexico: Biography of Power; A History of Modern Mexico, 1810-1996* (Nueva York: HarperCollins Publishers, 1997), p. 133 "Entre 1822... y 1847, la hora decisiva de la invasión americana, México vivió en una condición permanente de trastornos y pobreza. El país sufrió cincuenta regímenes militares, desde una república federalista (1824-1836) a un gobierno centralista (1836-1847) y de nuevo a una república federalista desde 1847 en adelante. Sufrió pérdidas de territorios, incluyendo la secesión irrevocable de Texas... pero los gobiernos todavía tuvieron tiempo para convocar a cinco convenciones constitucionales y promulgar una carta constitucional, tres constituciones, una ley de reforma e innumerables constituciones estatales, cada una de ellas alentadas por la noción de una redención nacional final.

[14] Muchos de estos, tales como William Wolfskill, Abel Stearns, Jonathan Temple y Henry Dalton, obtuvieron grandes concesiones de tierras para cultivarlas y usarlas como ranchos de ganadería, contratando a americanos nativos como ayudantes de rancho. Podrían caber fácilmente en lo que Richard White denomina: "el terreno medio", en donde diversas personas ajustaron sus diferencias. Vea la obra de White: *The Middle Ground: Indians, Empires, and Republics in the Great Lakes Region, 1650-1815* (Cambridge, Nueva York: Cambridge University Press, 1991).

[15] Los pueblos (hoy en día ciudades) de San Diego, Los Angeles, Monterey, San José y Sonoma, por ejemplo, proporcionaron un núcleo para las actividades gubernamentales. La mayoría de los propietarios de ranchos tenían una casa en el pueblo y una residencia

americana de la frontera consistían a menudo en casas de rancho aisladas sobre un terreno de 80 a 640 acres.

[16] Vea a John T. Vance y Helen L. Clagett, *Guide to the Law and Legal Literature of Mexico*, (Washington, D.C., The Library of Congress, 1945).

[17] En California, la secularización de las misiones después de 1835 puso extensos terrenos disponibles para su colonización y las cuentas del aumento substancial del número de concesiones de tierras efectuadas (aproximadamente 20 durante el período de control española y 700 durante el período de control mexicano).

[18] Moses Austin, un católico nacido en Connecticut, vivió durante cierto tiempo en la Luisiana española en 1796 antes de establecerse en Misuri. En 1820, solicitó a la autoridades españolas de San Antonio de Béjar una concesión de tierras en las que planeaba establecer a 300 familias. Después de recibir la concesión, Moses falleció en junio de 1821, pero antes solicitó que su hijo Stephen se encargara de llevar a cabo la tarea.

[19] Ray Allen Billington, *Westward Expansion: A History of the American Frontier* (Nueva York: Macmillan Publishing Company, 1974), p. 411.

[20] La esclavitud bajo la ley española y mexicana estaba prohibida, pero Austin se valió de una ley de Texas-Coahuila de 1828 que reconocía los contratos laborales en que los inmigrantes, después de dar libertad a sus esclavos, los hacían criados bajo contrato por toda la vida; Billington, *Westward Expansion*, pp. 411, 414.

[21] Michael C. Meyer y William Sherman, *The Course of Mexican History*, 5ta edición, (Nueva York y Oxford: Oxford University Press, 1983), pp. 337-338.

[22] Vea a Josefina Vázquez y Lorenzo Meyer, *The United States and Mexico* (Chicago: University of Chicago Press), pp. 42-43, para enterarse de las acciones de Polk que condujeron a la guerra americomexicana, especialmente la misión de John Slidell en la que ofreció hasta 40 millones de dólares por el territorio entre el río Nueces y el río Grande más la parte norte de México y California.

[23] Vea a Richard Henry Dana, *Two Years Before the Mast*, John Haskell Kemble, ed. (Los Angeles: The Ward Ritchie Press, 1964).

[24] El gobernador José María Echeandía pidió a Jedediah Smith y James Ohio Pattie que abandonaran el lugar (1825-1831), pero sus sucesores fueron más compasivos en su política hacia los montañeros.

[25] Históricamente parte de Coahuila según se define en Provincias Internas de 1776.

[26] *The Course of Mexican History*, p. 343, Richard White también lo puso sucintamente en *"It's Your Misfortune and None of My Own": A New History of the American West* (Norman: University of Oklahoma Press, 1991), p 77: "Polk agravó una situación ya sensible al insistir en que el río Grande fuera la frontera de Texas. Anteriormente, tanto los Estados Unidos como México habían reconocido al río Nueces, localizado 150 millas al norte del río Grande, como la frontera de Texas." Vea también a Vázquez y Meyer, *The United States and Mexico*, pp. 42 y 43.

[27] Brack, *Mexico Views Manifest Destiny*, pp. 148-49.

[28] K. Jack Bauer, *The Mexican War, 1846-1848* (Nueva York: Macmillan Co., 1974), p. 370.

[29] Billington, *Westward Expansion*, p. 495.

[30] Arnoldo de León, *They Called Them Greasers: Anglo Attitudes toward Mexicans in Texas, 1821-1900* (Austin: University of Texas Press, 1983), pp. 4-5, describe el tema con gran vehemencia cuando dice que la "Supuesta tiranía española en los Países Bajos durante la última mitad del siglo dieciséis, así

durante la última mitad del siglo dieciséis, así como las atrocidades cometidas contra los indígenes an Latinoamérica, reflejaron una imagen de los españoles como gente sin corazón y genocidas. Y, finalmente, los ingleses vieron a los españoles como una incorporación de la impureza racial. Durante cientos de años, la mezcla racial o el mestizaje había tenido lugar en la península ibérica entre los españoles y los moros. En una época en que los isabelinos se hacían mas y más sensibles al significado del color - igualando el color blanco con la pureza y cristianismo, y la negrura con la corrupción y el demonio - se consideraba que los españoles no eran mucho mejor que los moros y africanos de piel clara.

[31] Mucho de este prejuicio también se remonta a los informes altamente críticos de las actividades españolas que se conocerían como la Leyenda Negra, así como la rivalidad militar anglo-española en el Nuevo Mundo y en Europa, durante los reinados de Felipe II de España e Isabel I de Inglaterra durante el siglo 16. Vea a Vázquez y Meyer, *The United States and Mexico*, p. 3; y también a Cecil Robinson, ed., *Mexico and The Hispanic Southwest in Western Literature* (Tucson: University of Arizona Press, 1977).

[32] Vea a John Caughey y Norris Hundley, *California: History of a Remarkable State*, 4ta edición., (Nueva York: Prentice Hall, 1982), pp. 102-106. Vea también a Lisbeth Haas, "War in California, 1846-1848." *California History* (Verano y Otoño de 1997): 331-355.

[33] Andrew Rolle, *John Charles Frémont: Character as Destiny* (Norman: University of Oklahoma Press, 1991), pp. 73-77, un excelente resumen de las actividades de Frémont en California en ese tiempo.

[34] Sally Johns, "Viva los Californios," *Journal of San Diego History* (Otoño de 1973), p.8.

[35] Benjamin Hayes, Battle of San Pasqual, Further Notes, MS en Bancroft Library, con mención en "Viva los Californios" de Johns, p. 8, n. 87.

[36] George Tays, ed. y traduc. Pio Pico Correspondence, con mención en *ibid.*, p. 10.

[37] Richard Griswold del Castillo, "The U.S. Mexican War in San Diego," manuscrito sin publicar.

[38] Fue y dejó de ser presidente de México unas once veces desde los primeros días de la revolución. Se le conocía mejor por su derrota de Sam Houston en San Jacinto después de su victoria en El Alamo. Vea a Ruth R. Olivera y Liliane Crété, *Life in Mexico Under Santa Anna*, 1822-1855 (Norman: University of Oklahoma Press, 1991).

[39] La evidencia más triste de la resistencia mexicana fue la de "los niños héroes", jóvenes cadetes del Castillo de Chapultepec que prefirieron morir en acción antes que rendirse a las tropas americanas. Vea a William A. dePalo, Jr., *The Mexican National Army, 1822-1852* (Colege Station: Texas A&M University Press, 1997). p.138.

[40] Ramón Eduardo Ruiz escribe amargamente en *The Mexican War: Was it Manifest Destiny?* (Nueva York: Holt, Rhinehart and Winston, 1963), p. 1, que "La guerra es una de las tragedias de la historia. A diferencia de los americanos, que han relegado el conflicto al pasado, los mexicanos no lo han olvidado. México emergió de la guerra despojado de la mitad de sus territorios, una gente derrotada, descorazonada y dividida."

[41] Vea a Oscar J. Martínez, *Troublesome Border* (Tucson: University of Arizona Press, 1988), pp. 17-25; William H. Emory, *Report on the United States and Mexican Boundary Survey*, Vol. I (Washington, D.C.: 34th Congress, 1st Session, Senate Executive Document, No. 108); y *Drawing the Borderline: Artist-Explorers of the U.S.-Mexico Bound-*

captions continued on page 75

9. *Rio Grande Near Frontera* (Río Grande cerca de la frontera). William Hensley
   Emory (1881-1887).

10. *Miguelet Lock Pistol*, .70 caliber, 12 1/2 inch barrel, 1795.
   Walker Model Colt Řevolver, 44 caliber, serial # 1004, manufactured 1847.

   Pistola de cerrojo Miguelet, calibre .70, cañón de 12 1/2 pulgadas, 1795.
   Revólver Colt Modelo Walker, calibre 44, número de serie 1004, fabricado en 1847.

11. Paul L'Ouvrier (active 1870-1871). *Antonio Lopez de Santa Ana*, c. 1858.

12. *above.* William Garl Brown, Jr., 1823-1894. *Zachary Taylor At Walnut Springs*, (Zachary Taylor en Walnut Springs), 1847.

13. *right.* Minor Kellogg. *General Winfield Scott* (El general Winfield Scott), 1851.
Gold medal awarded to General Winfield Scott by the United States Congress, 1851.

Medalla de oro otorgada al General Winfield Scott por el Congreso de los Estados Unidos, 1851.

14. left. William S. Jewett, 1812-1873.
John Charles Frémont, not dated.

William S. Jewett, 1812-1873.
John Charles Frémont, sin fecha. Pintura al óleo
sobre papel de 14 7/8 x 11 pulgadas.

below. John Charles Frémont's Personal Battle
Flag, 1842.

*El estandarte de batalla personal de John
Charles Frémont, 1842.*

15. *Military Drum*, ca. 1846.

Tambor militar, cerca de 1846.

16. Alexander Edouart (1818-1892). *The Chase* (La persecución), 1857-58.

Captions 9 through 16

9. *Rio Grande Near Frontera.* William Hemsley Emory (1881-1887). *Notes of a military reconnaissance from Fort Leavenworth, in Missouri to San Diego, in California, including part of the Arkansas, Del Norte, and Gila rivers.* Washington, Wendell and Van Benthuysen, 1848. Collection of Autry Museum of Western Heritage.

9. *Rio Grande Near Frontera* (Río Grande cerca de la frontera). William Hensley Emory (1881-1887). *Notas sobre un reconocimiento militar desde Fort Leavenworth, Missouri, a San Diego, California, incluyendo parte de los ríos Arkansas, Del Norte y Gila.* Washington, Wendell and Van Benthuysen, 1848. Colección del Autry Museum of Western Heritage.

10. *Walker Model Colt Revolver,* 44 caliber, serial # 1004, manufactured 1847. Colt's Patent Firearms Manufacturing Company, Hartford, Connecticut. Collection of Autry Museum of Western Heritage. This civilian version is identical to those issued to mounted U.S. troops in the war with Mexico. The six-shot cylinder gave troops a distinct advantage over their adversaries.

Miguelet Lock Pistol, .70 caliber, 12$^{1/2}$ inch barrel, 1795. Steel and wood with brass fittings. Collection of Autry Museum of Western Heritage. Manufactured in Spain for use by mounted soldiers, military regulations required each soldier serving at a presidio to carry two of these pistols. Many remained in service, although antiquated, until the middle of the nineteenth century.

10. *Revólver Colt Modelo Walker*, calibre 44, número de serie 1004, fabricado en 1847 por la Colt's Patent Firearms Manufacturing Company, Hartford, Connecticut. Colección del Autry Museum of Western Heritage. La versión civil es idéntica a la de los revólveres suministrados a las tropas de caballería de EE.UU. en la guerra con México. El cilindro de seis balas dio a las tropas una notable ventaja sobre sus adversarios.

Pistola de cerrojo Miguelet, calibre .70, cañón de 12 1/2 pulgadas, 1795. De acero, madera y ornamentos de bronce. Colección del Autry Museum of Western Heritage. Fabricada en España para los soldados de caballería. El reglamento militar requería que cada soldado que servía en un presidio llevara dos de estas pistolas. Muchas de ellas continuaron usándose, aunque anticuadas, hasta mediados del siglo diecinueve.

11. Paul L'Ouvrier (active 1870-1871). *Antonio Lopez de Santa Ana*, c. 1858. Oil on canvas; accession number 1878.3. © Collection of the New-York Historical Society. In his roles as politician, military officer and dictator, Santa Anna was a key player in Mexico during its war with the United States. By losing in battle and signing away territory in the Gadsden Purchase, he earned the ire of his countrymen.

11. Paul L'Ouvrier (activo de 1870 a 1871). *Antonio López de Santa Ana*, alrededor de 1858. Pintura al óleo sobre lona, número de adquisición 1878.3. © Colección de la New York Historical Society. En sus papeles de político, oficial militar y dictador, Santa Anna fue una figura importante en México durante la guerra con los Estados Unidos. Al perder la guerra y firmar la cesión de territorios en la Gadsden Purchase, se ganó la ira de sus compatriotas.

12. William Garl Brown, Jr., 1823-1894. *Zachary Taylor at Walnut Springs*, 1847. Oil on canvas mounted on panel; 30 x 36 in. National Portrait Gallery, Smithsonian Institution NPG.71.57. Zachary Taylor emerged from the Mexican War as a popular hero, gaining the position as twelfth President of the United States. He advocated immediate statehood for California and New Mexico to resolve problems in territory acquired from Mexico, but died in office in July 1850.

12. William Garl Brown, Jr., 1823-1894. *Zachary Taylor At Walnut Springs*, (Zachary Taylor en Walnut Springs), 1847. Pintura al óleo sobre lona montada en un panel de 30 x 36 pulgadas. National Portrait Gallery, Smithsonian Institution NPG.71.57. Zachary Taylor emergió de la Guerra Mexicana como un héroe popular, llegando a ser el decimosegundo Presidente de los Estados Unidos. Abogó por impartir la condición de estado a California y Nuevo México para resolver los problemas en los territorios adquiridos de México, pero falleció en julio de 1850 mientras todavía estaba en el poder.

13. Minor Kellogg. *General Winfield Scott*, 1851. Oil on canvas; accession number 1933.5. © Collection of the New-York Historical Society. Called "Old Fuss and Feathers" by the troops, Scott was an experienced and brilliant officer, responsible for raising the army for the war and planning the invasion of Mexico.

Gold medal awarded to General Winfield Scott by the United States Congress, 1851. Collection of the Virginia Historical Society, Richmond, Virginia. On the front of the medal is a bust of Scott, while on the backare listed, within circles of laurel leaves, the battles in which he was victorious.

13. Minor Kellogg. *General Winfield Scott* (El general Winfield Scott), 1851. Pintura al óleo sobre lona, número de adquisición 1933.5. © Colección de la New York Historical Society.

Apodado el "Gruñón presumido" por sus soldados, Scott fue un oficial experto y brillante, responsable por haber reunido el ejército para la guerra y planeado la invasión de México.

Medalla de oro otorgada al General Winfield Scott por el Congreso de los Estados Unidos, 1851. Colección de la Virginia Historical Society, Richmond, Virginia. En la cara frontal de la medalla hay un busto de Scott, mientras que al dorso se enumeran, dentro de círculos de hojas de laurel, las batallas en que fue victorioso.

14. William S. Jewett, 1812-1873. *John Charles Frémont*, not dated. Oil on panel; 14 7/8 x 11 in. National Portrait Gallery, Smithsonian Institution NPG.72.17. This American military officer, explorer and author had gained prominence in the United States by the mid-1840s. It did not hurt that his father-in-law was a well-known senator or that his wife was a popular author. Moving with an exploring party into California in 1846, Frémont joined Americans in their Bear Flag Rebellion against Mexico, formed a battalion of volunteers and served under Robert Stockton in securing California from Mexico. His actions were such that Frémont was court-martialed and charged with disobeying orders, unmilitary conduct and mutiny. He was convicted and resigned from the army.

14. William S. Jewett, 1812-1873. *John Charles Frémont*, sin fecha. Pintura al óleo sobre papel de 14 7/8 x 11 pulgadas. National Portrait Gallery, Smithsonian Institution NPG.72.17. Este oficial militar, explorador y autor americano alcanzó renombre en los Estados Unidos a mediados de la década de 1840.
No le vino mal que su suegro fuera un senador bien conocido o que su esposa fuera una escritora popular. En 1846, después de haberse trasladado a California con un destacamento de exploración, Frémont se unió a los americanos en su Rebelión de Bear Flag contra México, formó un batallón de voluntarios y prestó servicio bajo Robert Stockton en la apropiación de California. Pero sus acciones fueron tales que Frémont fue procesado en Consejo de Guerra por desobedecer órdenes, por su conducta poco militar y por insurrección. Fue sentenciado por estos cargos y dimitió del ejército.

El estandarte de batalla personal de John Charles Frémont, 1842. Cortesía del Southwest Museum, Los Angeles, California.
Hecha de algodón crudamente decorado, la bandera personal de Frémont fue diseñada por su esposa, Jessie Benton Frémont. Esta bandera personal era tan poco oficial como lo eran algunas de las actividades de Frémont.

John Charles Frémont's Personal Battle Flag, 1842. Courtesy of the Southwest Museum, Los Angeles, California.
Made from crudely decorated cotton, Frémont's personal flag was designed by his wife, Jessie Benton Frémont. This personal flag was as unofficial as some of

Frémont's other activities.

15. *Military Drum*, ca. 1846. Painted wood, rope and hide. Used by troops under General Andres Pico. Collection of Autry Museum of Western Heritage.
Don Andres Pico was born at the presidio of San Diego, California in 1810. Together with his brother Pio Pico, he owned large tracts of land in Southern California. He lived for many years at the Mission San Fernando upon whose lands he and his partners ran a thriving stock business following the secularization of the mission's holdings. During the U.S.-Mexican War, Andres Pico was appointed general of the Mexican troops resisting the American forces in the region. It was Pico who signed the peace agreement with General John C. Frémont that ended the war in California. In the years following the conflict the two became close friends. Don Andres Pico died in 1874.

15. *Tambor militar*, cerca de 1846. Pintado y hecho de madera, soga y cuero. Usado por las tropas bajo el general Andrés Pico. Colección del Autry Museum of Western Heritage.
Don Andrés Pico nació en el presidio de San Diego, California, en 1810. Junto con su hermano Pío Pico, era el propietario de grandes extensiones de terreno en el Sur de California. Vivió durante muchos años en la Misión de San Fernando, en cuyos terrenos él y sus asociados manejaban un próspero negocio de ganadería después de la secularización de los bienes de la misión. Durante la guerra Americomexicana, Andrés Pico fue nombrado general de las tropas mexicanas que resistían a las fuerzas americanas en la región. Fue Pico quien firmó el acuerdo de paz con el general John C. Frémont que puso fin a la guerra en California. Durante los años que siguieron al conflicto, los dos se hicieron buenos amigos. Don Andrés Pico falleció en 1874.

16. Alexander Edouart (1818-1892). *The Chase*, 1857-58. Oil on canvas; 20 3/4 x 28 5/8 in. Collection of Autry Museum of Western Heritage.
This painting depicts Henry L. Ford, a captain in General John Fremont's California Battalion, being chased by Californio lancers during the war in California. Ford took part in the 1846 Bear Flag Revolt at Sonoma and in 1857 commissioned artist Alexander Edouart to paint several scenes recalling his adventures.

16. Alexander Edouart (1818-1892). *The Chase* (La persecución), 1857-58. Pintura al óleo sobre lona de 20 3/4 x 28 5/8 pulgadas. Colección del Autry Museum of Western Heritage.
Esta pintura muestra a Henry L. Ford, un capitán en el batallón de California del general John Frémont, siendo perseguido por lanceros "californios" durante la guerra en California. Ford tomó parte en la Rebelión de Bear Flag de 1846 en Sonoma, y en 1857 encargó al pintor Alexander Edouart que pintara varias escenas en recuerdo de sus aventuras.

ary Survey (Albuquerque: The Albuquerque Museum, 1996).

[42] Los pocos indígenas americanos que recibieron títulos de tierras del gobierno mexicano reclamaron sus tierras con distintos grados de éxito. La mayor parte de los indígenas, sin embargo, no poseían títulos formales de propiedades de terrenos y permanecieron sin tierras hasta bien entrado el siglo 19, cuando Estados Unidos introdujo el sistema de reservaciones.

[43] Vea a Iris H. Engstrand, "Land Grant Problems in the Southwest: The Spanish and Mexican Heritage," *New Mexico Historical Reviews*, 53 (1978): 330-333.

[44] Reclutados por agentes para prestar servicio en el ejército del oeste de Stephen Watts Kearny, 500 voluntarios mormones abrieron un camino para las carretas militares desde Council Buffs, Iowa, hasta San Diego. Cuando el batallón mormón llegó a San Diego en 1847, la guerra ya se había terminado, de manera que los soldados buscaron trabajo con la gente de la ciudad. Trabajaron pintando viviendas con cal blanca, construyendo una panadería, fabricando ladrillos, construyendo bombas para canalizaciones hechas de troncos de árbol, excavando pozos, como herreros y reparando carretas. Al primer hijo nacido del mormón Jesse Hunter se le llamó Diego en honor de su ciudad adoptiva.

[45] Vea a Martínez, *Troublesome Border*, pp. 83-84, en donde encontrará una lista cronológica de los conflictos fronterizos, y Vázquez y Meyer, *The United States and Mexico*, pp. 76-78, para una discusión sobre el robo de ganado y las incursiones indias a ambos lados de la frontera desde 1852 a 1876.

[46] Pancho Villa, de Chihuahua, cuya lucha en forma de guerrillas fue apoyada por el socialista americano John Reed, estaba al mando de un ejército mixto a través de las regiones norteñas; Carranza, que tenía el mando del ejército constitucional, se atrajo el apoyo de los Estados Unidos, mientras que Zapata y sus seguidores indígenas lucharon por la tierra y la libertad, rebelándose contra los hacendados.

[47] El gobierno estadounidense trataba de impedir que un barco alemán con armas ayudara a Victoriano Huerta, sucesor impopular de Francisco Madero y opuesto por Carranza.

[48] Los motivos de Villa todavía son temas de gran controversia. Para una discusión completa, vea a Alan Knight, *The Mexican Revolution* (Cambridge, Nueva York: Cambridge University Press, 1986), vol. 2, pp. 345-346. Comenzando en 1915, la frontera de Texas-Tamaulipas también fue el objeto de conflictos continuos. Vea a Martínez, *Troublesome Border*, p. 84.

[49] Donald Cutter y Iris Engstrand, *Quest for Empire: Spanish Settlement in the Southwest* (Golden, CO: Fulcrum Publishing, 1996), pp. 315-316.

[50] *Ibid.*, pp. 314-315.

[51] Vea a Richard Griswold del Castillo, *The Los Angeles Barrio, 1850-1890: A Social History* (Berkeley y Los Angeles: University of California Press, 1979), y Leonard Pitt, *The Decline of the Californio: A Social History of the Spanish-speaking Californians, 1846-1890* (Berkeley y Los Angeles: University of California Press, 1966) para un tratado excelente de los problemas enfrentados por las personas de descendencia española y mexicana en California durante el período inicial de control americano. En cuanto a Texas, vea a de León, *They Called Them Greasers*, y David Montejano, *Anglos and Mexicans in the Making of Texas, 1836-1986* (Austin: University of Texas Press, 1987). Rodolfo Acuña, *Occupied America: A History of Chicanos*, 2da edición (Nueva York: Harper and Row, 1981), trata del maltrato de los mexicanos a través del suroeste.

THE U.S.-MEXICAN WAR: CONTEMPORARY IMPLICATIONS FOR MEXICAN AMERICAN CIVIL AND INTERNATIONAL RIGHTS

Richard Griswold del Castillo

In the 20th century, the U.S.-Mexican War and the Treaty of Guadalupe Hidalgo have been most important in the consciousness of Mexicans and Mexican Americans. Most Americans remain ignorant of this conflict and its terminating treaty. Yet 150 years after the end of the war, fought from 1846 till 1848, Americans as well as Mexicans are still living with its consequences. As a result of this war and treaty, the United States gained more than half of Mexico's national territory, insuring that it would enter the 20th century as a continental power, rich in natural resources and potential for growth. On the other hand, in losing the rich lands that comprised its lost territories, Mexico was assuredly handicapped in the race toward developing a modern economy. Some of Mexico's 20th century underdevelopment can be traced to the war and its aftermath.

One of the least mentioned consequences of the war, at least in the standard U.S. history textbook treatments of this period, was the creation of a new territorial minority group, the Mexican Americans. When the peace treaty was signed in 1848, perhaps as many as 100,000 Mexicans lived north of the new international boundary. They, their descendants, and millions of immigrants who later came north, formed a diverse ethnic society, speaking Spanish, with cultural ties to Mexico. Because of racial, linguistic and cultural prejudices, they became the subjects of unequal treatment and discrimination in the schools, public facilities and in the justice system.

Although the vast majority of Mexicans became U.S. citizens either by the Treaty of Guadalupe Hidalgo, birth or naturalization, the majority population continued to consider them foreigners. For most of the 20th century the descendants of the founders of Los Angeles, San Diego, San Francisco and hundreds of other towns and cities in the Southwest have lived as virtual outcasts. For the first half of the 20th century many Chicanos lived in impoverished barrios, located near the older Spanish and Mexican pueblos and presidios. Landless, underemployed, working for a "Mexican wage" that was lower than the prevailing rate, prohibited from living in certain sections of town, and subject to daily reminders of their status as "foreigners," Mexican Americans learned to survive. They banded together in trade unions, social and political clubs, *mutualistas* (self help groups), and hundreds of other solidarities to help one another in a hostile and indifferent world. An articulated consciousness about their condition and the injustices they had suffered did not emerge until the civil rights revolutions that followed World War II.

The Hidden Heritage: Mexican Americans, 1910-1960

The outbreak of the Mexican Revolution in 1910 signaled the beginning of a huge movement of people north, across the international boundary into the United States. They came to escape the violence and oppressions generated by a bloody civil war. One of the first places they settled in the United States were in the older Mexican American barrios, many of which had once been Mexican pueblos. Probably one million people came from Mexico between 1910 and 1930. They most often came through El Paso, Texas, on the railroad and from there, following the rail connections, they went north to the Midwest and west to California. Within a few years the Mexican immigrant community overwhelmed the older established native-born Mexican Americans. When they came to settle in the United States, they brought with them the idea that some day they were going to return to Mexico, so their stay was going to be temporary. After a generation, however, as their children grew up in the United States, this dream became less vivid.

Within the Mexican colonies, both urban and rural, these new immigrants attended segregated Americanization schools where they learned English and United States history. Some learned of their "rights" as residents of the United States and others fought to try to achieve some equality under the law. In 1930, for example, a group of Mexican immigrant parents in Lemon Grove, California, sued the local school board to prevent the segregation of their children. They won their case, the Lemon Grove Case, the first successful anti-desegregation lawsuit in American history.[1] Other Mexican immigrants formed labor unions and *mutualistas*, which became the nucleus for political discussion and action. Mexican immigrants participated in numerous industrial and agricultural strikes, such as the El Paso Smelter Workers Strike in 1913, the Clifton, Morenci Mining Strike in 1915, and the Imperial Valley Cantaloupe Strike in 1930. During the Great Depression, Mexican workers formed activist unions, such as UCA-PAWA, an agricultural cannery workers' union composed mostly of women, or CUCOM, a confederation of Mexican unions that participated in hundreds of agricultural strikes during the 1930s.[2]

There were two major anti-Mexican immigrant movements during this period– repatriations and deportations on a large scale in the 1930s and 1950s. While employers welcomed Mexican immigrants during the expansion and prosperity of the 1920s, during Great Depression they and nativist ideologues conceived of forcing Mexicans to go back to Mexico. During the repatriation movement of the early 1930s, more than one million Mexicans, some of them citizens of the United States, were pressured and coerced into returning. Many injustices were done in this campaign, ranging from illegal roundups of Mexican-looking individuals for deportation, to physical threats and anti-alien ordinances. Although the economy was booming during the early 1950s, anti-communist and anti-radical hysteria led to a national campaign to round up the "Wet Backs" and send them back to Mexico. In this military-like operation, almost a million Mexicans were rounded up, again often in violation of their civil liberties. One individual from San Diego did protest the repatriation using the Treaty of Guadalupe Hidalgo. In 1953, as part of "Operation Wetback," Robert Galvan, a legal Mexican immigrant, was accused of being a communist and brought for deportation hearings before the U.S. District Court in Southern California. He in turn filed for a writ of habeas corpus, arguing that his deportation would violate article VIII of the Treaty of Guadalupe Hidalgo, the provision protecting the property of Mexican citizens. The court responded that although the treaty was entitled to "juridical obeisance," it did not specify that Mexicans were entitled to remain in the U.S. to manage their property.[3]

Before 1965, the Mexican American struggle for economic and political equality rarely called upon the Treaty of Guadalupe Hidalgo, depending instead mainly on the United States Constitution. More important than international treaty rights were the basic rights to earn a living at a decent wage and to be free from fear of violence. Hundreds of thousands of Mexican immigrants and Mexican Americans joined the U.S. armed services during World War II and the Korean War, and scores of them won Congressional Medals of Honor, risking, and often losing, their lives for this country. The returning veterans expected to be treated as equals. When this did not happen, they formed new civil rights organizations to wage battle in the courts. The American G.I. Forum, the League of United Latin American Citizens (LULAC), and the Community Service Organization (CSO) were composed largely of returned veterans. They launched scores of actions to fight segregation in public facilities and schools and unequal treatment in the work place. These groups were responsible for many desegregation victories prior to 1965. *Mendez et al. v. Westminster School District of Orange County* became a landmark case in the long struggle against racial discrimination in schools. Begun in 1943, this case supported by the efforts of the Latin American Organization, a Mexican American civil rights league that several families had organized specifically to challenge segregation. Another Mexican American group from Orange County, the Asociación de Padres de Niños Mexico-Americanos, joined the first group in protesting the segregation policies. Their lawyers argued that segregation violated the "equal protection" clause of the Fourteenth Amendment. The court eventually ruled in favor of the Mexican American plaintiffs; the District Court upheld decision on appeal.[4] This case became a precedent for the later *Brown v. Board of Education* case, which struck down segregation laws for African Americans.

Chicano Civil Rights, the Treaty and the War

During the 1960s and '70s, a new generation of Mexican Americans sought to redefine their position within the United States, using, for the first time, the Treaty of Guadalupe Hidalgo. They called themselves "Chicanos," a term previously used in a derogatory way to refer to working class Mexican immigrants. Sparked by a growing civil rights and anti-war movement, Chicano political militants sought to focus world attention on the failed promises of the Treaty of Guadalupe Hidalgo.

One of the first activists to provoke a reassessment of the land rights of Mexicans was Reies Lopez Tijerina. Originally a fundamentalist preacher from Texas, Tijerina became part of the struggle of the Hispanos of New Mexico to regain the community land grants taken from them in violation of the treaty. During the early 1960s Tijerina traveled throughout New Mexico, organizing *La Alianza Federal de Mercedes Libres*. The purpose of the organization was "to organize and acquaint the heirs of all Spanish land-grants covered by the Guadalupe Hidalgo Treaty" with their rights.[5] This organization became the catalyst for several militant actions by the Hispano villagers: the occupation of Kit Carson National Forest, the proclamation of the Republic of San Joaquin de Chama, the courthouse raid and shootout at Tierra Amarilla, a massive military manhunt for Tijerina and his followers, and lengthy legal battles.

Much like the American Indian Movement of the same period, the Alianza claimed that legitimate treaty rights had been violated and demanded compensation. They contended that the United States had violated Articles VIII and IX of the treaty, which had guaranteed property and citizenship rights to Mexicans. Ultimately Reies Tijerina's claims were presented before the United States Supreme Court as a class action law suit in 1969. Denied a hearing two times in 1970, the case finally received a favorable recommendation. Ultimately, however, it was not presented before the court, probably because Tijerina lacked funding sufficient to pursue it.[6]

Other activists during the 1960s sought to remind people of the importance of the treaty and war. In the spring of 1968, Rudolfo "Corky" Gonzales, leader and organizer of the Denver Crusade for Justice, joined forces with Tijerina to participate in the Poor People's March on Washington, D.C. Together with other urban leaders they issued a statement demanding, among other things, that Mexican Americans be compensated for the costs they had incurred in fighting for the land that had been taken from them in violation of the treaty.[7]

The Treaty of Guadalupe Hidalgo and its implications became a topic of discussion at the first Annual Youth Conference in Denver, Colorado, organized by Gonzales in 1969. Knowledge of violations of the treaty became a driving force behind the final statement of the conference in "El Plan Espiritual de Azt-lan," a document of Chicano solidarity and a declaration of independence.[8]

One of the most important books published during this period was Armando Rendon's Chicano Manifesto. In Rendon's view, "The Treaty of Guadalupe Hidalgo is the most important document concerning Mexican Americans that exists."[9] The terms and spirit of the treaty, he said, had been systematically violated by the U.S. government. He called for Chicanos to become aware of the "exact processes by which the Treaty of Guadalupe Hidalgo was made meaningless over the past century and a half." Rendon had in mind a detailed documentary case that could be made against the federal government so that compensation could be exacted. He hinted that Chicanos could seek, as the American Indian tribes had, monetary settlements or even a return of territory to Mexico. The probability that the latter would occur was, of course, nil: the prospect of a monetary settlement, however, did not, in the political atmosphere of the time, seem wholly impossible. For many militants of the 1970s, the treaty legitimized their demands for social and economic justice and provided a cause for radical action.

International Human Rights and the Treaty

Since World War II the plight of Mexican Americans has been presented before various international forums, primarily agencies of the United Nations concerned with human rights. The Treaty of Guadalupe Hidalgo has figured prominently in these formal presentations; indeed the treaty has provided the legal rationale for discussing Mexican American rights within international bodies.

The earliest attempt to use an international forum to redress wrongs vis á vis Mexican Americans was that of the American Committee for Protection of the Foreign Born in 1959. The committee was a leftist offshoot of the American Civil Liberties Union. Carey McWilliams, a progressive newspaper reporter, editor, author and activist, was one of its first directors during the 1940s. In the 1950s the committee fell onto the Attorney General's list of subversive communist infiltrated organizations; and committee members were questioned by the House Un-American Activities Committee in the early '60s. In 1959 the Committee submitted a petition to the United Nations entitled "Our Badge of Infamy: A Petition to the United Nations on the Treatment of Mexican Immigrants."[10] The petition was signed by more than 60 individuals, most of them Anglo American professionals. They charged that the United States had violated provisions of the Universal Declaration of Human Rights, specifically Articles II, III, IV, VII, IX, XV, XXII, and XXV. In their opening statement they cited the fact that U.S. domestic government committees and agencies had investigated the plight of the Mexican immigrant in the U.S., but no change had come about:[11]

We feel that the United Nations should consider this problem only because repeated attempts over the years by agencies of the United States government and public and private organizations have failed to overcome the serious deprivation of the human rights of the Mexican immigrants living in the United States.[12]

The petition was not limited, however, to defending Mexican immigrants; it also dealt with the violations of the Treaty of Guadalupe Hidalgo affecting the native born Mexican Americans: "While rights to property, especially land, were safeguarded by the provisions of the Treaty of Guadalupe Hidalgo, in practice Mexicans and Mexican Americans were cheated of most of their properties in a short while."[13] The main point of the petition was to present concrete evidence, in the form of historical examples, of how the human rights of Mexicans in the United States had been violated. Instances of mistreatment and murder of *bracero* workers were documented to show violations of Article III of the U.N. Declaration, which guarantees freedoms regardless of race. Cases of wage discrimination were related to violation of Article IV, which forbids slavery and involuntary servitude. The operations of the Immigration and Naturalization Service during Operation Wetback were presented as violations of Article IX, which provides for equal protection under the law. The committee's petition was significant because it was the first attempt to go beyond the domestic system to seek redress under international law. It was almost 30 years before another organization attempted to internationalize the issues raised by the treaty.

During the 1980s, various Native American Indian groups discovered the Treaty of Guadalupe Hidalgo and began to forge alliances with Mexican American organizations and individuals. In July 1980, at the Sixth Annual Conference of the International Indian Treaty Council meeting at Fort Belnap, Montana, a resolution was introduced by native delegates to support the Treaty of Guadalupe Hidalgo and Mexican American rights to seek self determination.[14] The International Indian Treaty Council (IITC) was a San Francisco based organization dedicated to working for the rights of native peoples throughout the western hemisphere. Since 1977 they had been recognized by the United Nations as a Non Government Organization, and had traveled numerous times to Geneva to present petitions and interventions on behalf of Indian people. In 1981 the IITC introduced the Treaty of Guadalupe Hidalgo as one of the North American treaties affecting Indian peoples before the International Conference of Non-Government Organizations concerning Indigenous Populations and Land. Several U.S. Indian tribes considered the treaty an important part of their claim for redress. The Hopi people, for example, presented a statement at a 1981 Geneva Conference where they cited Article IX and XI of the treaty to support their opposition to the relocation of the Navajo (Dineh) and Hopi elders from their ancestral lands near Big

Mountain, Arizona.[15] This statement asserted that their rights as Mexican citizens under Article VIII of the treaty had been violated by the United States courts and that their religious rights under Article IX had not been protected. Prior to this the Hopi and Pueblo people had fought a long legal battle with the United States, over their citizenship rights under the Treaty of Guadalupe Hidalgo. The New Mexico Territorial Courts had made a number of rulings that confirmed their citizenship prior to 1907, but not until 1953 were they allowed to vote.[16] Other Indians also considered the treaty as bearing on their claims for compensation. The Oodam or Papago people also interpreted the treaty as bearing on their desire to reclaim lands.

The International Indian Treaty Council continued to bring the Treaty of Guadalupe Hidalgo before international bodies. In June 1982 the position of the Chicano Caucus regarding the treaty at the IITC annual conference was presented before the General Assembly; in September of that year Chicanos presented their case before the First American Indian International Tribunal held at D-Q University near Sacramento, California. In 1984 the IITC representatives presented the Chicano and Indian positions on the treaty before the 40th session of the U.N. Commission on Human Rights meeting in Geneva, Switzerland. In 1985 the Treaty Council presented a document outlining the Chicano situation before a U.N. Working Group on Indigenous Populations at Geneva.

Working with the IITC during these years was a small group of Chicano and Mexican American activists who saw a community of interest. For years Chicano movement leaders had attempted to educate Mexican Americans about their indigenous roots. Almost every *barrio* had its contingent of nativists who strongly identified with and attempted to preserve Mexican and Southwestern Indian traditions through song, dance, paintings and rituals. For them the spiritual lessons of the Indian peoples were all important. One statement of this position during these years was an anonymous pamphlet entitled "Aztlan vs. the United States." It argued that Chicanos in the U.S. were Indians by blood as well as heritage; they had suffered the same second class treatment as Indians. "Aztlan," the Aztec name for their homeland, was a spiritual and biological nation comprising Indians as well as Chicanos. "This is the nation of RAZA INDIGENA, and the INDIAN NATIONS, or in other words nosotros los indios de Aztlan."[17]

More recently, Indian-Chicano efforts to internationalize the issues raised by the treaty have matured. In 1986 the IITC hosted the first National Encuentro on the Treaty of Guadalupe Hidalgo at Flagstaff, Arizona. During the three day meeting, attended by more than 100 representatives of Indian tribes and Chicano organizations, commitments emerged that led to subsequent planning meetings in Denver, Colorado and Jemez Springs, New Mexico the next year. The Flagstaff Encuentro also resulted in a commitment to send a delegation of Chicano observers with the IITC delegates to the Geneva U. N. Commission on Human

Rights meeting in early 1987.

This was a major step in introducing a small group of Mexican Americans to international politics. For the first time a delegation of Chicano delegates spoke before a U.N. body about the Treaty of Guadalupe Hidalgo and contemporary problems confronting Chicanos. The IITC allowed a Chicano delegate to present an intervention before the commission. It read in part:

> That same Treaty of Guadalupe Hidalgo, in which Mexico tried
> to guarantee human rights to indigenous people, is continually
> being violated by injustices toward the Chicano indigenous peo-
> ple by the United States. These people have suffered since the
> military conquest of their indigenous land of AZTLAN. The
> treaty right to maintain their language and culture have been
> denied to Chicanos: their human rights and dignity have been
> subverted through racism, intended to undermine the cultural
> ethnicity of indigenous people.[18]

Not only did the Chicano delegates present formal documents, but they also held press conferences with representatives of the media of Mexico, Brazil, Argentina and various European nations, where they presented Chicano perspectives on the treaty and issues affecting Mexican Americans. At Geneva in 1987, the Chicano representatives learned about diplomatic protocol and lobbying, expanding their views of the Mexican American's role within the world community.[19]

Finally, the first national attempt to form an organization that would regularize Chicano participation within international forums took place in Santa Cruz, California on October 10-12, 1987. This meeting brought together international lawyers with Chicano community activists and tribal representatives. The treaty became a point of organizing a larger number of people. Commissions on land grants, international law and cultural violations were established. As a result, further Encuentros were planned to solidify the directions that were established.

One hundred and fifty years later, the Treaty of Guadalupe Hidalgo has become a focal point for claims of social and economic justice among activists, as well as in popular books, and scholarly studies. An important legacy of the Chicano movement has been its fostering of a particular historical awareness—the view that the Southwest is really "occupied Mexico," and that Mexican Americans are a "colonized people" whose rights have been violated despite the guarantees of the treaty. The attempts to use the Treaty of Guadalupe Hidalgo to reach international audiences and forge a common alliance with indigenous peoples throughout the world has been important.

In the past 30 years, thanks to a revolution in civil rights and a new consciousness about the inequities suffered by people of color in the United States, Mexican Americans, as well as other people of Latin American extraction, have had some improvements in their social and economic condition. Nevertheless for millions of Latinos, the negative consequences of being a "conquered" and "foreign" people persist.

But the international treaty that created this legacy is not forgotten, and its most important provisions, Articles VIII and IX, which promised property and citizenship rights, are still in force. As we enter the 21st century, the historical memories of this treaty and its subsequent violation are important in the development of the cultural identities of all Latino and native peoples.

NOTES

1. Robert R. Alvarez, Jr., "The Lemon Grove Incident: The Nation's First Successful Desegregation Court Case," *Journal of San Diego History*, XXXII, no. 2(Spring 1986), pp. 116-135.

2. For a detailed discussion of Mexican immigrant union activity in the period, see Juan Gómez-Quiñones, *Mexican American Labor, 1790-1990* (Albuquerque: University of New Mexico Press, 1994), pp. 131-140.

3. *Application of Robert Galvan for Writ of Habeus Corpus* 127 F. Supp. 392 (1954).

4. Guadalupe San Miguel Jr., *"Let All of Them Take Heed." Mexican Americans and the Campaign for Educational Equality in Texas, 1910-1981* (Austin: University of Texas Press, 1987), pp. *118-119; Màrquez, 51-60 outlines* other LULAC initiatives similar to those in California. See also Gilbert G. Gonzalez, *Chicano Education in the Era of Segregation* (Philadelphia: The Balch Institute Press, 1990), pp. 136-156.

5. Richard Gardner, *Grito!: Reies Tijerina and the New Mexican Land Grant Wars of 1967* (New York: Harper and Row Publishers, 1970), p. 96.

6. See *Tijerina et al. vs. U.S.* 396 U.S. 843; 396 U.S. 990; and 396 U.S. 922.

7. "We Demand," in Luis Valdez and Stan Steiner, eds., *Aztlan: An Anthology of Mexican American Literature* (New York: Alfred A. Knopf, 1972), p. 220.

8. "Aztlan" meant the Aztec homeland to the north of Mexico. In the 1960s Chicano activists considered Aztlan to be synonymous with the territories lost by Mexico to the United States in 1848. Aztlan gave Chicanos status as natives to the Southwest, as well as more tangible links to a precolumbian, non-western heritage.

9. Armando Rendon, *Chicano Manifesto* (New York: Macmillan Publishing Co., 1972), p. 81.

10. For a history of the American Committee for the Protection of the Foreign Born, see Louise Pettibone Smith, *Torch of Liberty: Twenty-Five Years in the Life of the Foreign Born in the U.S.A.* (New York: Dwight-King Publishers, 1959); American Committee for the Protection of the Foreign Born, "Our Badge of Infamy: A Petition to the United Nations on the Treatment of Mexican Immigrants" (New York: American Committee for Protection of Foreign Born, 1959).

11. *Ibid.,* p. 10.

12. *Ibid.,* p. 5.

13. *Ibid.,* p. 10. The Universal Declaration of Human Rights was adopted by the United Nations on December 10, 1948. They included 30 articles specifying the rights all peoples should have, including equality, life, liberty, security, property, the freedom from slavery, torture, arbitrary arrest and imprisonment. For a discussion see International Congress on the Teaching of Human Rights, *Thirtieth Anniversary of the Universal Declaration of Human Rights / International Congress on the Teaching of Human Rights* (Paris : Unesco, 1980)

14. International Indian Treaty Council, (even after IITC) "Plans for Treaty of Guadalupe Hidalgo Conference," xerox, 1986.

15. IITC, "General Working Paper," xerox, 1986; Hopi Nation, "The Treaty of Guadalupe Hidalgo," xerox.

16. Richard Griswold del Castillo, *The Treaty of Guadalupe Hidalgo: A Legacy of Conflict* (Norman: University of Oklahoma Presses, 1990), p. 72. Prior to 1848, the Hispanicized Indians of New Mexico, including the Hopi and Pueblo Indians, were given rights as Mexican citizens by the Mexican Constitution of 1824.

17. "Aztlan vs. the United States," xerox, 198?.

18. International Indian Treaty Council, "Question of Violation of Human Rights or Fundamental Freedoms in Any Part of the World," Agenda Item 12, Commission on Human Rights, 43 Session, Geneva, Switzerland.

19. Ron Sandoval, "Diary," Xerox, 1987. Most of the xerox materials relating to the IITC and the treaty are available through the Tonatzin Land Institute, 1504 Bridge Blvd., Albuquerque, New Mexico.

LA INVASION NORTEAMERICANA: IMPLICACIONES CONTEMPORANEAS EN LOS DERECHOS CIVILES E INTERNACIONALES MEXICOAMERICANOS

Richard Griswold del Castillo

En el siglo veinte, la Guerra Americomexicana y el Tratado de Guadalupe Hidalgo han tenido un impacto muy importante en las conciencias de los mexicanos y mexicoamericanos. La mayoría de los americanos ignoran la existencia de este conflicto y del tratado que puso fin al mismo. No obstante, cientocincuenta años después de haberse terminado esa guerra, que duró de 1846 a 1848, los americanos, así como los mexicanos, todavía están viviendo bajo sus consecuencias. Como resultado de esta guerra y tratado, los Estados Unidos se adueñaron de más de la mitad del territorio nacional mexicano, lo que aseguró su entrada en el siglo veinte como una potencia continental, rica en recursos naturales y con un gran potencial de crecimiento. Por otra parte, con la pérdida de los ricos terrenos que comprendían los territorios capitulados, se aseguró para México una desventaja en la carrera hacia el desarrollo de una economía moderna. Parte del subdesarrollo de México durante el siglo veinte se debe a esa guerra y sus desastrosas consecuencias.

Una de las consecuencias de la guerra que menos se menciona, por lo menos en los libros de texto estándar de la historia estadounidense de este período, fue la creación de un nuevo grupo minoritario territorial: los mexicoamericanos. Cuando el tratado de paz se firmó en 1848, quizás tantos como 100,000 mexicanos vivían al norte de los nuevos confines internacionales. Estos mexicanos, así como sus descendientes y millones de inmigrantes que llegaron más tarde al norte, constituían una sociedad étnica variada que hablaba el español y tenía enlaces culturales con México. Debido a los perjuicios raciales, lingüísticos y culturales, recibieron un tratamiento parcial y discriminatorio en las escuelas, instituciones públicas y sistema judicial.

Aunque la gran mayoría de los mexicanos se hicieron ciudadanos americanos, ya haya sido como resultado del Tratado de Guadalupe Hidalgo, el nacimiento o naturalización, la mayoría de la población continuó considerándolos extranjeros. Durante la mayor parte del siglo veinte, los descendientes de los fundadores de Los Angeles, San Diego, San Francisco y centenares de otros poblados y ciudades en el Suroeste han vivido prácticamente como parias. Durante la primera mitad del siglo veinte, muchos chicanos vivían en barrios empobrecidos, ubicados cerca de los antiguos pueblos y presidios españoles y mexicanos. Sin tierras, con empleos deficientes, trabajando por un "sueldo mexicano" inferior a las tarifas corrientes, afectados por leyes que les prohibían vivir en ciertas secciones de la ciudad y sujetos a recordatorios diarios de su estado de "extranjeros", los mexicoamericanos aprendieron a sobrevivir. Se agruparon en sindicatos laborales, en clubs sociales y políticos, en *mutualistas* (grupos de ayuda mutua) y en centenares de otras solidaridades con el fin de ayudarse los unos a los otros en un mundo hostil e indiferente. No se produjo un sentimiento coordinado sobre su condición y las injusticias que sufrían hasta que surgieron las revoluciones sobre los derechos civiles después de la Segunda Guerra Mundial.

El Patrimonio Oculto: Los Mexicoamericanos, 1910 a 1960

El comienzo de la revolución mexicana en 1910 señaló el principio de una gran migración humana a través de la frontera internacional hacia los Estados Unidos. Llegaron escapándose de la violencia y opresiones generadas por una sangrienta guerra civil. Uno de los primeros lugares que escogieron para establecerse en los Estados Unidos fueron los antiguos barrios mexicoamericanos, muchos de los cuales habían sido pueblos mexicanos en el pasado. Entre 1910 y 1930, probablemente llegaron de México un millón de personas aproximadamente. La mayoría de las veces llegaban por tren a través de El Paso, Texas, y luego siguiendo las conexiones férreas se dirigían al norte hacia el Oeste Medio y al Oeste hasta California. En unos cuantos años, la comunidad inmigrante mexicana sobrepasó en número a la comunidad nativa mexicoamericana ya establecida. Estos inmigrantes, cuando llegaron para establecerse en los Estados Unidos trajeron consigo la idea de que algún día regresarían a México, de manera que su estancia sería temporal solamente. Sin embargo, después de una generación, con sus hijos nacidos y educados en los Estados Unidos, su sueño se hizo menos patente.

En las colonias mexicanas, tanto urbanas como rurales, estos nuevos inmigrantes asistieron a escuelas segregadas de americanización, en donde aprendieron el inglés y la historia de los Estados Unidos. Algunos de ellos se enteraron de los "derechos" que tenían como residentes de los Estados Unidos y otros lucharon por alcanzar cierta igualdad bajo la ley. En 1930, por ejemplo, un grupo de padres mexicanos inmigrantes de Lemon Grove, California, demandaron judicialmente a la junta escolar local para que se pusiera fin a la segregación de sus hijos. Ganaron el pleito, conocido como el Caso Lemon Grove - la primera demanda antisegregacionista exitosa en la historia americana.[1] Otros inmigrantes mexicanos formaron sindicatos laborales y *mutualistas*, los cuales se convirtieron en el núcleo de la discusiones y acciones políticas. Los inmigrantes mexicanos participaron en numerosas huelgas industriales y agrícolas, tales como la huelga de trabajadores de la fundición de El Paso en 1913, la huelga de Clifton, la huelga minera de Morenci en 1915 y la huelga de recogedores de melones de Imperial Valley en 1930. Durante la Gran Depresión, los trabajadores mexicanos se unieron en sindicatos activistas, tales como el UCAPAWA, un sindicato de trabajadores de enlatado de productos agrícolas compuesto mayormente por mujeres, o la CUCOM, una confederación de sindicatos mexicanos que participó en centenares de huelgas agrícolas durante la década de 1930[2].

Durante este período, hubo dos movimientos principales contra los inmigrantes mexicanos y se efectuaron repatriaciones y deportaciones en gran escala durante las décadas de 1930 y 1950. Los empleadores americanos, aunque dieron la bienvenida a los trabajadores mexicanos durante la expansión y prosperidad de la década de 1920, durante la Gran Depresión concibieron junto con algunos ideólogos nacionalistas la idea de forzar a los mexicanos a que regresaran a su país. Durante el movimiento de repatriación a principios de la década de 1930, más de un millón de mexicanos, algunos de ellos ciudadanos estadounidenses, fueron presionados y obligados a regresar a México. Fueron muchas las injusticias que se cometieron durante esta campaña, desde las detenciones ilegales en masa de personas con facciones mexicanas para su posible deportación hasta el uso de amenazas físicas y emisión de ordenanzas contra los extranjeros. Aunque la economía estaba en su máximo apogeo a principios de 1950, el histerismo que prevalecía entonces contra los comunistas y los radicales condujo a una campaña nacional para detener en masa a los "espaldas mojadas" y enviarlos a México. En esta operación de similitud militar, casi un millón de mexicanos fueron detenidos, de nuevo violando con frecuencia sus derechos civiles. Una persona de San Diego protestó contra las repatriación basándose en las disposiciones contenidas en el Tratado de Guadalupe Hidalgo. En 1953, como parte de la "Operación Espalda Mojada", Robert Galván, un inmigrante mexicano legal, fue acusado de ser comunista y obligado a comparecer ante un tribunal jurisdiccional estadounidense del Sur de California para su posible deportación. Galván presentó un auto de *habeas corpus*, argumentando que su deportación violaría el artículo VIII del Tratado de Guadalupe Hidalgo, el cual protegía las propiedades de los ciudadanos mexicanos. El tribunal respondió que aunque el tratado merecía "respeto jurídico" no especificaba que los mexicanos tenían derecho a permanecer en los Estados Unidos para administrar sus propiedades.[3]

Antes de 1965, la lucha de los mexicoamericanos por alcanzar la igualdad económica y política raramente recurrió a las disposiciones del Tratado de Guadalupe Hidalgo, amparándose principalmente en la Constitución de los Estados Unidos. Más importantes que los derechos provistos por los tratados internacionales eran los derechos humanos básicos de ganarse la vida, recibir sueldos decentes y estar protegidos contra la violencia. Cientos de miles de inmigrantes mexicanos y mexicoamericanos se alistaron en los servicios armados estadounidenses durante la Segunda Guerra Mundial y la Guerra Coreana, y muchos de ellos recibieron Medallas de Honor, arriesgando y a menudo perdiendo sus vidas por este país. Los veteranos que regresaron esperaban ser tratados como iguales. Cuando esto no sucedió, se juntaron para formar nuevas organizaciones de derechos civiles para entablar combates en los tribunales. El Foro Americano de G.Is., La Liga de Ciudadanos Latinoamericanos Unidos (LULAC) y la Organización de Servicios Comunitarios (CSO) estaban compuestos mayormente por los veteranos que habían regresado de la guerra. Ejecutaron numerosas acciones para combatir la segregación en las escuelas e instituciones públicas y contra el tratamiento desigual en los lugares de trabajo. Estos grupos fueron responsables de muchas victorias antisegregacionistas antes de 1965. *Mendez et al. versus Westminster School District of Orange County* (Méndez y otros contra el Distrito Escolar de Westminster en el Condado de Orange) se convirtió en un hito de gran importancia en la larga lucha contra la discriminación racial en las escuelas. Iniciado en 1943, este caso respaldaba los esfuerzos de la Organización Latinoamericana, una liga de derechos civiles mexicoamericanos que había sido organizada por varias familias específicamente para desafiar la segregación. Otro grupo mexicoamericano del Condado de Orange, la Asociación de Padres de Niños Mexicoamericanos, se unió al primer grupo en una protesta contra las políticas segregacionistas. Sus abogados argumentaron que la segregación violaba la cláusula de "igual protección" de la Cuarta Enmienda de la Constitución estadounidense. Eventualmente, el tribunal falló en favor de los demandantes mexicoamericanos; el tribunal jurisdiccional mantuvo su decisión de proceder a una apelación.[4] Este caso se convirtió en un precedente del caso *Brown versus Board of Education* (Brown contra la Junta de Educación) que se litigó más tarde, el cual eliminó las leyes de segregación contra los afroamericanos.

Los Derechos Civiles de los Chicanos, el Tratado y la Guerra

Durante las décadas de 1960 y 1970, la nueva generación de mexicoamericanos trató de redefinir su posición dentro de los Estados Unidos, recurriendo por primera vez al Tratado de Guadalupe Hidalgo. Se denominaron a sí mismos "Chicanos", un apodo usado anteriormente en sentido despectivo para aludir a los mexicanos de clase obrera. Animados por un creciente movimiento de reclamación de derechos civiles y en contra de la guerra, los chicanos militantes políticos trataron de enfocar la atención mundial en las promesas incumplidas del Tratado de Guadalupe Hidalgo.

Uno de los primeros activistas en exigir una reevaluación de los derechos de los mexicanos a sus tierras fue Reyes López Tijerina. Tijerina, originalmente un predicador fundamentalista de Texas, fue partícipe en la lucha de los hispanos de Nuevo México para recobrar las concesiones de tierras de la comunidad que se les había substraído en violación del tratado. A principios de la década de 1960, Tijerina viajó a través de Nuevo México, organizando La Alianza Federal de Mercedes Libres. El propósito de la organización fue el de "coordinar y dar a conocer los derechos de los herederos de todas las concesiones españolas de tierras amparadas por el Tratado Guadalupe Hidalgo"[5]. Esta organización se convirtió en el catalizador de varias acciones militantes llevadas a cabo por los habitantes hispanos de los pueblos: la ocupación del Bosque Nacional Kit Carson, la proclamación de la República de San Joaquín de Chama, la incursión en los edificios del tribunal y su subsiguiente balacera en Tierra Amarilla, la persecución militar masiva de Tijerina y sus seguidores y la celebración de largas luchas legales.

De manera muy similar al movimiento indioamericano del mismo período, la Alianza alegó que los derechos legítimos del tratado habían sido violados y como tal exigía la compensación correspondiente. Sostenía que Estados Unidos había violado los Artículos VIII y IX del tratado, los cuales garantizaban los derechos de propiedad y ciudadanía a los mexicanos. Por último, las alegaciones de Reyes Tijerina se sometieron ante el Tribunal Supremo de los Estados Unidos como demanda de acción pública en 1969. La audiencia del caso se denegó dos veces en 1970 pero eventualmente recibió una recomendación favorable. Finalmente, sin embargo, el caso dejó de presentarse ante el tribunal, debido probablemente a que Tijerina no disponía de suficientes fondos para continuar el pleito.[6]

En el transcurso de la década de 1960, otros activistas trataron de recordar a la gente la importancia del tratado y la guerra. En la primavera de 1968, Rodolfo "Corky" Gonzales, líder y organizador de la "Denver Crusade for Justice" (Cruzada de Denver en busca de Justicia), se juntó con Tijerina para participar en la "Poor People's March" (Marcha de la Gente Pobre) en Washington, D.C. Estos, en unión con otros líderes urbanos, redactaron una declaración que exigía, entre otras cosas, que los mexicanos fueran compensados por los costos en que habían incurrido durante su lucha por recobrar las tierras que habían sido substraídas de los mismos en violación del tratado.[7]

El Tratado de Guadalupe y sus implicaciones fueron un tema de discusión en la primera Conferencia Anual de la Juventud en Denver, Colorado, organizada por Gonzales en 1969. El dar a conocer las violaciones del tratado fue la fuerza impulsora detrás de la declaración final de la conferencia en "El Plan Espiritual de Aztlán", un documento de solidaridad chicana y una declaración de independencia.[8]

Uno de los libros más importantes publicados durante este período fue *Chicano Manifesto* (Manifiesto chicano) de Armando Rendón. Desde el punto de vista de Rendón, "El Tratado de Guadalupe Hidalgo es el documento más importante que existe referente a los mexicoamericanos."[9] Los términos y el espíritu del tratado, dijo, han sido violados sistemáticamente por el gobierno de los Estados Unidos. Hizo un llamado a los chicanos para que se dieran cuenta de los "procesos exactos por los que el Tratado de Guadalupe Hidalgo fue reducido a una declaración carente de sentido en el transcurso del siglo y medio pasados." Rendón tenía en mente un caso documental detallado que podía presentarse en contra del gobierno federal para poder exigir la compensación correspondiente. Sugirió que los chicanos podían exigir, al igual que lo hicieron las tribus de los indios americanos, compensaciones monetarias o incluso una devolución de las tierras a México. La probabilidad de que ocurriera la última opción era por supuesto nula, pero la perspectiva de obtener una compensación monetaria no parecía ser totalmente imposible, dada la atmósfera política de aquel entonces. Para muchos militantes de la década de 1970, el tratado legitimó sus demandas de justicia social y económica y les proporcionó una causa para tomar una acción radical.

Los Derechos Humanos Internacionales y el Tratado

Desde la Segunda Guerra Mundial, la situación crítica de los mexicoamericanos ha sido presentada antes varios foros internacionales, principalmente organismos de las Naciones Unidas interesados en los derechos humanos. El Tratado de Guadalupe Hidalgo ha figurado prominentemente en estas presentaciones formales; de hecho, el tratado ha proporcionado el principal motivo legal para discutir los derechos de los mexicoamericanos dentro de los foros internacionales.

El intento más temprano de utilizar un foro internacional para corregir los hechos censurables con respecto a los mexicoamericanos fue el que realizó el Comité Americano de Protección de los Nacidos en el Extranjero de 1959. Este comité era un ramal izquierdista de la Unión Americana de Libertades Civiles. Carey McWilliams, un periodista de prensa progresivo, así como redactor, autor y activista, fue uno de sus primeros directores durante la década de 1940. Durante la década de 1950, el comité fue incluido en la lista de organizaciones comunistas infiltradas subversivas del Procurador General y los miembros del comité fueron sometidos a interrogación por el Comité de Actividades Antiamericanas de la Cámara de Representantes a principios de la década de 1960. En 1959, el Comité presentó una petición a las Naciones Unidas titulada "Nuestro Distintivo de Infamia: Una Petición a las Naciones Unidas sobre el Tratamiento de los Inmigrantes Mexicanos."[10] La petición fue firmada por más de 60 personas, la mayoría de ellos profesionales angloamericanos. Alegaron que Estados Unidos violó las disposiciones de la Declaración Universal de los Derechos Civiles, específicamente los artículos II, III, IV, VII, IX, XV, XXII y XXV. En su declaración de apertura, citaron el hecho de que los comités y organismos nacionales del gobierno estadounidense habían investigado la situación de los inmigrantes mexicanos en los Estados Unidos pero no efectuaron cambio alguno.[11]

Creemos que las Naciones Unidas debería considerar este problema, debido a que después de repetidos intentos realizados en el transcurso de los años por parte de organismos del gobierno de los Estados Unidos y organizaciones públicas y privadas todavía no se ha podido solucionar la seria privación de derechos humanos sufrida por los inmigrantes mexicanos que viven en los Estados Unidos.[12]

La petición no se limitaba, sin embargo, a la defensa de los inmigrantes mexicanos; también trataba de las violaciones del Tratado de Guadalupe Hidalgo que afectaban a los mexicoamericanos nacidos en los Estados Unidos. "Mientras que los derechos a la propiedad, especialmente tierras, estaban salvaguardados por las disposiciones del Tratado de Guadalupe Hidalgo, en la práctica los mexicanos y los mexicoamericanos fueron defraudados de la mayoría de sus propiedades en un corto plazo."[13] El punto principal de la petición consistía en la presentación de una evidencia concreta, en forma de ejemplos históricos, sobre la manera en que se habían violado los derechos humanos de los mexicanos en los Estados Unidos. Se documentaron ejemplos de maltrato y asesinato de braceros como muestras de las violaciones del Artículo III de la Declaración de las Naciones Unidas, la cual garantiza la libertad independientemente de las razas. Se mencionaron casos de discriminación en los sueldos en violación del Artículo IV, el cual prohíbe la esclavización y la servidumbre involuntaria. Las operaciones del Servicio de Inmigración y Naturalización durante la "Operación Espalda Mojada" se presentaron como violaciones del Artículo IX, el cual estipula la provisión de igual protección bajo la ley. La petición del comité fue significativa porque fue el primer intento de pasar por alto el sistema nacional y buscar un remedio bajo la ley internacional. Transcurrieron casi treinta años antes de que otra organización intentara internacionalizar los temas mencionados por el tratado.

Durante la década de 1980, varios grupos de indios americanos descubrieron el Tratado de Guadalupe Hidalgo y comenzaron a formar alianzas con las organizaciones mexicoamericanas y personas privadas. En julio de 1980, en la reunión de la Sexta Conferencia Anual del Consejo del Tratado Indio Internacional celebrada en Fort Belnap, Montana, los delegados nativos introdujeron una resolución para apoyar el Tratado de Guadalupe Hidalgo y los derechos de los mexicoamericanos de buscar su libre determinación.[14] El Consejo del Tratado Indio Internacional (IITC) era una organización radicada en San Francisco dedicada a apoyar los derechos de los indígenas en todo el hemisferio occidental. Desde 1977, fue reconocido por las Naciones Unidas como una Organización No Gubernamental y sus miembros han viajado numerosas veces a Ginebra para presentar peticiones e intervenciones en representación de la gente indígena. En 1981, el IITC introdujo el Tratado de Guadalupe Hidalgo ante la Conferencia Internacional de Organizaciones No Gubernamentales como uno de los tratados de América del Norte que afectaban a los indios americanos en cuanto a las poblaciones indígenas y sus tierras. Varias tribus de indios americanos consideraron el tratado como una parte importante de sus demandas de compensación. Los indios Hopi, por ejemplo, presentaron una declaración en una Conferencia de Ginebra en 1981 en la que citaron los Artículos IX y XI del tratado para apo-

su oposición a la reubicación de los ancianos de las tribus Navajo (Dineh) y Hopi que los separaba de sus tierras ancestrales cerca de Big Mountain, Arizona.[15] Esta declaración afirmó que sus derechos como ciudadanos mexicanos bajo el Artículo VIII del tratado fueron violados por los tribunales estadounidenses y que sus derechos religiosos bajo el Artículo IX no fueron protegidos. Con anterioridad a esto, los indígenas Hopi y Pueblo sostuvieron una larga batalla legal con los Estados Unidos para hacer valer sus derechos de ciudadanía bajo el Tratado de Guadalupe Hidalgo. Los tribunales territoriales de Nuevo México habían emitido un número de resoluciones que confirmaban su ciudadanía antes de 1907, pero hasta 1953 no se les permitió votar.[16] Otros indios americanos también consideraron el Tratado de Guadalupe Hidalgo como pertinente en sus demandas de compensación. Los indígenas Oodam o Papago también interpretaron el tratado como apropiado en su deseo de recobrar sus tierras.

El Consejo del Tratado Indio Internacional continuó presentando el Tratado de Guadalupe Hidalgo ante foros internacionales. En junio de 1982, la posición del Comité Político Chicano con respecto al tratado en la conferencia anual del IITC se presentó ante la Conferencia General; en septiembre de ese año los chicanos presentaron su caso ante el Primer Tribunal Indio Americano Internacional celebrado en la Universidad D-Q cerca de Sacramento, California. En 1984, los representantes del IITC presentaron las posiciones de los chicanos y de los indios americanos en el tratado ante la Cuatrigésima Sesión de la Comisión de las Naciones Unidas sobre Derechos Humanos celebrada en Ginebra, Suiza. En 1985, el Consejo del Tratado presentó en Ginebra ante un Grupo Operativo de las Naciones Unidas sobre Poblaciones Indígenas un documento que esbozaba la situación chicana.

En colaboración con el IITC durante estos años había un pequeño grupo de activistas chicanos y mexicoamericanos que se esforzaban en interés de la comunidad. Durante años los líderes del movimiento chicano se habían esforzado en educar a los mexicoamericanos sobre sus raíces indígenas. Casi casa barrio tenía su grupo de nacionalistas que se identificaban fuertemente con las tradiciones mexicanas e indígenas del suroeste y trataban de conservarlas a través de canciones, danzas, pinturas y ceremonias. Para ellos, las lecciones espirituales de la gente indígena eran lo más importante. Una declaración de esta posición durante esos años fue la publicación de un folleto anónimo que llevaba por título "Aztlán contra los Estados Unidos." Argumentaba que los chicanos de los Estados Unidos eran indios tanto de sangre como de herencia y que habían sufrido el mismo tratamiento que los indios americanos como ciudadanos de segunda clase. "Aztlán," el nombre azteca de su tierra materna era una nación espiritual y biológica que abarcaba a los indios y a los chicanos. "Esta es la nación de la RAZA INDIGENA y de las NACIONES INDIAS o, en otras palabras, *la nación de nosotros: los indios de Aztlán.*"[17]

Más recientemente, los esfuerzos realizados por los indios-chicanos de internacionalizar los temas abarcados por el tratado han dado fruto. En 1986, el IITC patrocinó la primera Reunión Nacional sobre el Tratado de Guadalupe Hidalgo en Flagstaff, Arizona. Durante la reunión de tres días, a la que asistieron más de 100 representantes de las tribus indias y organizaciones chicanas, se enunciaron nuevos cometidos que condujeron a la celebración de subsiguientes reuniones de planificación en Denver, Colorado y en Jemez Springs, Nuevo México el año siguiente. En la reunión de Flagstaff también se enunció el cometido de enviar una delegación de observadores chicanos, junto con los delegados del IITC, a la reunión de la Comisión de las Naciones Unidas sobre Derechos Humanos que se celebraría en Ginebra a principios de 1987.

Este fue un paso importante en la introducción de un pequeño grupo de mexicoamericanos en la política internacional. Esta fue la primera vez en que una delegación de chicanos habló ante una comisión de las Naciones Unidas sobre el Tratado de Guadalupe y los problemas contemporáneos enfrentados por los chicanos. El IITC permitió que un delegado chicano presentara una intervención ante la comisión. Contenía, en parte, lo siguiente:

> El mismo Tratado de Guadalupe Hidalgo con el que México trató de garantizar los derechos humanos de la población indígena está siendo violado continuamente por los Estados Unidos mediante actos de injusticia contra la gente indígena chicana. Esta gente ha experimentado grandes sufrimientos a raíz de la conquista militar de sus tierras indígenas de AZTLAN. El derecho provisto por el tratado de mantener su lengua y cultura ha sido denegado a los chicanos: sus derechos humanos y su dignidad han sido subvertidos a través del racismo con la intención de socavar la etnicidad cultural de la gente indígena.[18]

No solamente presentaron los delegados chicanos documentos formales sino que celebraron conferencias de prensa con los representantes de los medios de comunicación de México, Brasil, Argentina y varias naciones europeas, en las que presentaron las perspectivas chicanas sobre el tratado y los temas que afectaban a los mexicoamericanos. En 1987, en Ginebra, los representantes chicanos aprendieron a usar los protocolos diplomáticos y el cabildeo, lo que expandió su visión del papel que ha de desempeñar el mexicoamericano dentro de la comunidad mundial.[19]

Finalmente, el primer intento nacional de formar una organización que regulara la participación chicana dentro de los foros internacionales tuvo lugar en Santa Cruz, California, del 10 al 12 de octubre de 1987. Esta reunión sirvió para unir a los abogados internacionales con los activistas de la comunidad chicana y los representantes de las tribus. El tratado sirvió de base para organizar a un número mayor de personas. Se establecieron comisiones para estudiar las concesiones de tierras y las violaciones internacionales y culturales. El resultado fue que se planearon "Encuentros" adicionales para solidificar la dirección que se había establecido.

Cientocincuenta años más tarde, el Tratado de Guadalupe Hidalgo se ha convertido en el punto focal de las demandas de justicia social y económica entre los activistas, así como en los libros populares y estudios eruditos. Un legado importante del movimiento chicano ha sido el fomento de un conocimiento histórico en particular - la visión de que el Suroeste es realmente "México ocupado", y que los mexicoamericanos son "gente colonizada" cuyos derechos han sido violados a pesar de las garantías del tratado. Los intentos de usar el Tratado de Guadalupe Hidalgo para llegar al público internacional y forjar una alianza común con la gente indígena de todo el mundo han sido significativos.

Durante los últimos treinta años, gracias a la revolución producida en los derechos civiles y a un nuevo conocimiento de las inequidades sufridas por la gente de color en los Estados Unidos, los mexicoamericanos y otras personas de origen latinoamericano han experimentado algunas mejoras en su condición económica. Sin embargo, para millones de latinos, las consecuencias negativas de haber sido "conquistados" y ser "extranjeros" todavía persisten.

Pero el tratado internacional que creó este legado no se ha olvidado, y sus disposiciones más importantes, los Artículos VIII y IX, que prometieron otorgar derechos a las tierras y a la ciudadanía, todavía son vigentes. Mientras entramos en el siglo veintiuno, las memorias históricas de este tratado y su violación subsiguiente tienen importancia en el desarrollo de las identidades culturales de toda la gente latina e indígena.

NOTAS BIBLIOGRAFICAS

[1] Robert R. Alvarez, Jr., "El incidente de Lemon Grove: El primer caso judicial antisegregacionista exitoso." *Journal of San Diego History*, XXXII, No. 2 (Primavera de 1986), pp. 116-135.

[2] Para una discusión detallada de la actividad de los sindicatos de los inmigrantes mexicanos, vea, Juan Gómez-Quiñones, *Mexican American Labor, 1790-1990* (Albuquerque: University of New Mexico Press, 1994), pp. 131-140.

[3] *Application of Robert Galvan for Writ of Habeas Corpus*, 127 F. Supp. 392 (1954).

[4] Guadalupe San Miguel Jr., *"Let All of Them Take Heed." Mexican Americans and the Campaign for Educational Equality in Texas. 1910-1981* (Austin; University of Texas Press, 1987), pp. 118-119; Márquez. 51-60 esboza otras iniciativas de LULAC similares a las de California. Vea también Gilbert G. González, *Chicano Education in the Era of Segregation* (Filadelfia: The Balch Institute Press, 1990), pp. 136-156.

[5] Richard Gardner, *Grito!: Reies Tijerina and the New Mexican Land Grant Wars of 1967*, Harper and Row Publishers, 1970), p. 96.

[6] Vea *Tijerina et al. vs. U.S.* 396 U.S. 843; 396 U.S. 990; y 396 U.S.922.

[7] "We demand" (Exigimos) en Luis Valdez y Stan Steiner, eds., *Aztlan: An Anthology of Mexican American Literature* (Nueva York: Alfred A. Knopf, 1972), p. 220.

[8] "Aztlán" representaba la tierra materna azteca al norte de México. En la década de 1960, los activistas chicanos consideraban que Aztlán era sinónimo de los territorios mexicanos conquistados por los Estados Unidos en 1848. Aztlán brindó a los chicanos "status" como nativos del suroeste, así como enlaces más tangibles al patrimonio precolumbiano no occidental.

[9] Armando Rendón, *Chicano Manifesto* (Nueva York: Macmillan Publishing Co., 1972), p. 81.

[10] Para conocer la historia del Comité Americano de Protección de los Nacidos en el Extranjero, vea Louise Pettibone Smith, *Torch of Liberty: Twenty-Five Years in the Life of the Foreign Born in the U.S.A.* (Nueva York: Dwight-King Publishers, 1959); American Commitee for the Protection of the Foreign Born, "Our Badge of Infamy: A Petition to the United Nations on the Treatment of Mexican Immigrants" (Nueva York: American Commitee for Protection of Foreign Born, 1959).

[11] *Ibid.*, p. 10

[12] *Ibid.*, p. 5

[13] *Ibid.*, p. 10. La declaración universal de los derechos humanos fue adoptada por las Naciones Unidas el 10 de diciembre de 1948. Enunciaba treinta artículos que especificaban los derechos que han de tener todas las personas, entre los que se incluyen la igualdad, la vida, la libertad, la seguridad, la propiedad, y la libertad de esclavitud, de tortura, de arresto y de aprisionamiento arbitrarios. Para una discusión, vea el International Congress on the Teaching of Human Rights, *Thirtieth Anniversary of the Universal Declaration of Human Rights / International Congress on the Teaching of Human Rights*(Paris: Unesco, 1980).

[14] International Indian Treaty Council, "Plans for Treaty of Guadalupe Hidalgo Conference," Xerox, 1986.

[15] IITC, "General Working Paper," Xerox, 1986; Hopi Nation, "The Treaty of Guadalupe Hidalgo," Xerox.

[16] Richard Griswold del Castillo, *The Treaty of Guadalupe Hidalgo: A Legacy of Conflict* (Norman: University of Oklahoma Presses, 1990). p. 72. Antes de 1848, los indios hispanizados de Nuevo México, incluyendo a los indios Hopi y Pueblo, recibieron derechos como ciudadanos mexicanos por la Constitución Mexicana de 1824.

[17] "Aztlan vs. the United States," Xerox, en la década de 1980.

[18] International Indian Treaty Council, "Question of Violation of Human Rights or Fundamental Freedoms in Any Part of the World," Agenda Item 12, Commission of Human Rights, 43 Session, Ginebra, Suiza.

[19] Ron Sandoval, "Diary.' Xerox, 1987. La mayor parte de los materiales publicados por Xerox que se refieren al IITC y al tratado están disponibles a través del Tonatzin Land Institute, 1504 Bridge Blvd., Albuquerque, Nuevo México.

17. *above. Front and Signature Pages of Treaty of Guadalupe Hildago, 1848.*

La página frontal y la que contiene las fir mas del Tratado de Guadalupe Hidalgo, 1848.

Treaty Between the United States of America and the Mexican Republic,

El Tratado entre los Estados Unidos de América y la República Mexicana, 1848.

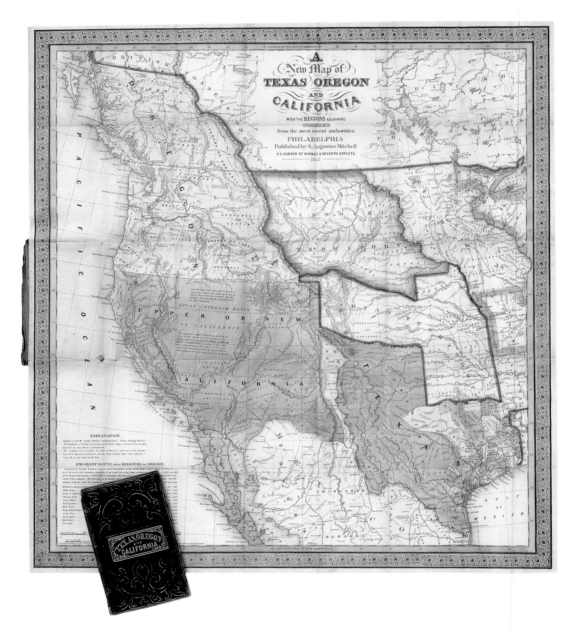

18. *A new map of Texas Oregon and California with the regions adjoining.* Philadelphia: S. Augustus Mitchell, 1846.

Un nuevo mapa de Texas, Oregón y California con las regiones colindantes. Filadelfia: S. Augustus Mitchell, 1846.

19. *"Yumas"* and *"Lepan warrior."* William Hemsley Emory (1818-1887).

"Yumas" y *"Guerrero Lepan"*. William Hemsley Emory (1818-1887).

20. *above and upper right.* *"El Paso,"* *"Brownsville"* and *"San Diego."* William Hemsley Emory (1818-1887).

21. *Pio Pico and his copy of Spanish-English Manual of Conversation.*

Pío Pico y su ejemplar del Spanish-English Manual of Conversation

22. Charles Christian Nahl, 1818-1878. *Mr. Gringo's experiences as a ranchero.*

left "An Act to Regulate Rodeos." 1851.

"An Act to Regulate Rodeos (Una ley para reglamentar los rodeos)." 1851.

23. Rudolph Cronau (1855-1939). *Sunday at San Miguel, Santa Fe, New Mexico 1882*

24. Victor Goer. Crista, 1991.

Captions 17 through 24

17. *Front and Signature Pages of Treaty of Guadalupe Hidaldgo,* 1848. Courtesy of National Archives.
The treaty which concluded the Mexican American War at Guadalupe Hidalgo confirmed the United States' claims to Mexican territory. Its terms continue to affect Mexican and United States citizens.

Treaty Between the United States of America and the Mexican Republic, 1848. Collection of Autry Museum of Western Heritage.
Printed versions of the Treaty of Guadalupe Hidalgo were available in Spanish and English. Collection of Autry Museum of Western Heritage.

17. *La página frontal y la que contiene las firmas del Tratado de Guadalupe Hidalgo,* 1848. Cortesía de National Archives.
El tratado que puso fin a la guerra americomexicana en Guadalupe Hidalgo confirmó la apropiación por los Estados Unidos del territorio mexicano. Los términos y condiciones de este tratado aún continúan afectando a los ciudadanos mexicanos y estadounidenses.

El Tratado entre los Estados Unidos de América y la República Mexicana, 1848. Colección del Autry Museum of Western Heritage.   Versiones impresas del Tratado de Guadalupe Hidalgo disponibles en español e inglés. Colección del Autry Museum of Western Heritage.

18. *A new map of Texas Oregon and California with the regions adjoining.* Philadelphia: S. Augustus Mitchell, 1846. Collection of Autry Museum of Western Heritage.

18. *Un nuevo mapa de Texas, Oregón y California con las regiones colindantes.* Filadelfia: S. Augustus Mitchell, 1846. Colección del Autry Museum of Western Heritage.

19. *"Yumas"* and *"Lepan warrior."* William Hemsley Emory (1818-1887). *Notes of a military reconnaissance from Fort Leavenworth, in Missouri to San Diego, in California, including part of the Arkansas, Del Norte, and Gila rivers.* Washington, Wendell and Van Benthuysen, 1848. Collection of Autry Museum of Western Heritage.
Lieutenant Emory's exploration efforts documented much of the land. Images published in his report acknowledged native peoples, whose rights were largely ignored in negotiations between Mexico and the United States. Horses and other equipment shown in some images published in his report demonstrate that native peoples owed much of their material culture and lifestyle to the influence of the Spanish and Mexican peoples.

19. *"Yumas"* y *"Guerrero Lepan".* William Hemsley Emory (1818-1887). *Notas sobre un reconocimiento militar desde Fort Leavenworth, Missouri, a San Diego, California, incluyendo parte de los ríos Arkansas, Del Norte y Gila.* Washington, Wendell and Van Benthuysen, 1848. Colección del Autry Museum of Western Heritage.
Las actividades exploratorias del teniente Emory documentaron una gran parte del terreno. Las imágenes publicadas en su informe dieron a conocer a los indígenas cuyos derechos fueron ignorados en gran parte en las negociaciones entre México y los Estados Unidos. Los caballos y otros equipos mostrados en las imágenes demostraron que los indígenas debían mucha de su cultura material y estilo de vida a la influencia de los españoles y mexicanos.

20. *"El Paso," "Brownsville" and "San Diego."* William Hemsley Emory (1818-1887). *Notes of a military reconnaissance from Fort Leavenworth, in Missouri to San Diego, in California, including part of the Arkansas, Del Norte, and Gila rivers.* Washington, Wendell and Van Benthuysen, 1848. Collection of Autry Museum of Western Heritage.

20). El Paso," "Brownsville" y "San Diego." William Hemsley Emory (1818-1887). *Notas sobre un reconocimiento militar desde Fort Leavenworth, Missouri, a San Diego, California, incluyendo parte de los ríos Arkansas, Del Norte y Gila.* Washington, Wendell and Van Benthuysen, 1848. Colección del Autry Museum of Western Heritage.

21. *Pio Pico and his copy of Spanish-English Manual of Conversation.* Hand tinted photograph, ca. 1860; leather bound book, ca. 1835. Collection of Autry Museum of Western Heritage.
Born at California's San Gabriel Mission in 1801, Don Pio Pico saw Los Angeles grow from a sleepy Spanish colonial village to a thriving American metropolis. In partnership with his brother Andres, Pico was a major Southern California landowner, vintner and citrus grower. He served as the last Mexican governor of Alta California and fled to Mexico just prior to the American occupation of the region. Pico returned to the Los Angeles area in 1850 but, like most owners of formerly Mexican properties, was beset by debts incurred through lengthy court battles to prove his title to his holdings. In 1890 he was swindled out of what properties he still retained by an unscrupulous creditor who took advantage of the aging don's poor command of English. Pio Pico died penniless in the house he once owned in downtown Los Angeles in 1894.

21. *Pío Pico y su ejemplar del Spanish-English Manual of Conversation* (Manual de conversación en español e inglés). Fotografía coloreada a mano, alrededor de 1860; libro con tapas de piel, alrededor de 1835. Colección del Autry Museum of Western Heritage. Nacido en 1801 en la Misión de San Gabriel de California, Pío Pico vio a Los Angeles crecer desde un soñoliento pueblo colonial español hasta una próspera metrópolis americana. En asociación con su hermano Andrés, Pico fue un importante terrateniente del Sur de California, vinatero y cultivador de frutas cítricas. Fue el último gobernador mexicano de Alta California y huyó a México poco antes de producirse la ocupación americana de la región. Pico regresó al área de Los Angeles en 1850, pero, al igual que la mayoría de los dueños de anteriores propiedades mexicanas, fue acosado por deudas incurridas a lo largo de prolongadas batallas legales para demostrar su derecho a sus bienes. En 1890, un acreedor sin escrúpulos se aprovechó del poco dominio que Don Pío, ya entrado en años, tenía del inglés y le usurpó con engaños las pocas propiedades que aún le quedaban. Pío Pico falleció en la miseria en 1894 en la casa que fue antes de su propiedad en el centro de Los Angeles.

22. Charles Christian Nahl, 1818-1878. *Mr. Gringo's experiences as a ranchero*. San Francisco: Anthony B. Baker, 1850s. Collection of Autry Museum of Western Heritage.
Bias and stereotyping became readily evident as Americans from the East flocked into California during the gold rush. While the "gringo" depicted in Nahl's cartoon wants to take on the ranching and riding traditions of the Californio, his lack of experience makes it difficult. He nonetheless began to displace Californians so practiced in ways of the vaquero and ranchero.

"An Act to Regulate Rodeos." *The Statutes of California Passed at the Second Session of the Legislature,* 1851. Eugene Casserly, State Printer. Collection of Autry Museum of Western Heritage.
Printed in Spanish and English, this act governed the operation of cattle roundups, codifying traditions of the *Californios* in conformity with the presence and expectations of the American newcomers.

22. Charles Christian Nahl, 1818-1878. *Mr. Gringo's experiences as a ranchero* (Las experiencias de Mr. Gringo como ranchero). San Francisco: Anthony B. Baker, década de 1850. Colección del Autry Museum of Western Heritage.
Los prejuicios y estereotipos se hicieron rápidamente evidentes mientras los americanos del este afluyeron en masa a California durante la fiebre del oro. Mientras que el "gringo" ilustrado en la caricatura de Nahl quiere adoptar las tradiciones de ranchero y jinete del "californio", su falta de experiencia se lo dificulta. El

americano, sin embargo, poco a poco comenzó a desplazar a los californianos tan expertos en las actividades de los vaqueros y rancheros. "An Act to Regulate Rodeos (Una ley para reglamentar los rodeos)."*The Statutes of California Passed at the Second Session of the Legislature"*(Los estatutos de California fueron aprobados durante la segunda sesión de la legislatura), 1851. Eugene Casserly, Editorial estatal. Colección del Autry Museum of Western Heritage.
Impresa en español e inglés, esta ley gobernó la operación de los rodeos de ganado, codificando las tradiciones de los "californios" de acuerdo con la presencia y expectativas de los americanos recién llegados.

23. Rudolph Cronau (1855-1939). *Sunday at San Miguel, Santa Fe, New Mexico 1882*, 1882. Black and white oil on artist board; 10 1/2 x 8 in. Collection of Autry Museum of Western Heritage.
Painted by a German traveler, this scene shows that a generation after the U.S.-Mexican War ended, much of life in New Mexico had changed little. The railroad had been completed shortly before this time and profound changes were in the offing.

23.Rudolph Cronau (1855-1939). *Sunday at San Miguel, Santa Fe, New Mexico 1882*. (Domingo en San Miguel, Santa Fe, Nuevo México en 1882), 1882. Pintura al óleo en blanco y negro sobre una tabla de 10 1/2 x 8 pulgadas. Colección del Autry Museum of Western Heritage.
Pintada por un viajero alemán, esta escena muestra que una gran parte de la vida en Nuevo México había cambiado muy poco incluso una generación después de haberse terminado la guerra americomexicana. El ferrocarril había sido completado poco antes de ese tiempo, pero profundos cambios estaban por suceder.

24. Victor Goer. *Crista,* 1991. Wood, paint, pinon sap and grain alcohol varnish. Collection of Autry Museum of Western Heritage.
Serving a largely Anglo clientele, contemporary New Mexican santeros create objects which serve the demands of religious, art and tourist consumers. Their creations reflect both older traditions and more modern conventions.

24. Victor Goer, *Crista,* 1991. Madera, pintura, resina de pino y barniz de alcohol etílico. Colección del Autry Museum of Western Heritage.
Sirviendo a una clientela mayormente angloamericana, los *santeros* contemporáneos de Nuevo México crean objetos que satisfacen las demandas de sus clientes religiosos, artistas y turistas. Sus creaciones reflejan tanto las antiguas tradiciones como las convenciones más modernas.

INTERIOR FRONTIERS

Elena Poniatowska

"And the frontier that's in here?" said the Gringa, touching her
head. "And the frontier here inside?" said the General Arroyo, touching
his heart. "There's a frontier that we only dare cross at night—had said
the Old Gringo: the frontier of our differences with others, of the battles
with ourselves."

Carlos Fuentes, *The Old Gringo*

Expelled by poverty, attracted by the demand for manpower in the United States, more than 3,000 undocumented immigrants "cross the line" daily. Hardly two of every ten reach their destination—the rest are apprehended by the Border Patrol, interrogated, insulted, left in solitary confinement, and, finally, sent back home. As of April 1, 1997, they were also charged with "aggravated felony," meaning that if they try again to cross they will be punished with a five-year jail term before deportation.

"No one but us does this work, so why do they kill us? This river, this border isn't the only thing that divides us: laws do, language does. I know that the grandparents of these Gringos also came fleeing from their lands: from Liverpool, from Ireland, they too were poor and unwanted and now they do exactly the same to us. This river and its breadth is full of corpses. One day its black fury will flood both sides. To cross it is to go back to one's origins, that's why it's so hard, it's like being born again, like tossing a coin. *Aguila o sol*? Like starting again from nothing, without a name, without a face. To reach the other side and there build a new identity."

What about the other side is so tempting? Work. Little Mexican jumping beans can work very hard for very little. Mexican women who pick cotton, broccoli, tomatoes, lettuce, fruits and all other crops in the Imperial Valley wear scarves of gay colors on their heads and shoulders. They even smile sometimes under their straw hats, while picking strawberries. They come from Michoacár, Jalisco, San Luis Potosí and the northern states of Sonora and Sinaloa. Others even come from Central America. They are swift, able workers, and they never get tired. As they don't speak the language—some don't even speak Spanish—they don't know what injustice means. Poverty is always an offense, so they keep to themselves. To give work to a Mexican immigrant is to treat him or her well, even if he ends up in the hospital, like a lemon-picker in California who was electrocuted in one of the trees he had climbed and who remained in a hospital for more than a year without ever daring to send for his wife, because he didn't want her to see him burnt to a crisp and a complete failure.

Tragedy hangs over the border like a Mexican piñata. To be illegal—and cousin Frank is still illegal—is not to be able to get sick, not to be able to send your kids to school, not to be able to walk down the street without fear in the Promised Land. Just like in the time of Reyes López Tijerina and César Chávez, who registered all the signs on shops and coffee houses that said: "No Mexicans and dogs admitted."

"On the other side, cousin Frank speaks something that sounds like it but is not really English. It isn't Spanish either. He tells me that on one side of the border and the other, people like him are looked down upon: they are called Pochos, Greasers and Beaners, no one wants them and they don't belong any-where. Sometimes they do not even belong to themselves. Maybe that's why they're in the middle of nowhere."

"There's no trouble bato, watcha, date tinta," Frank assures, regarding the possibility of crossing from one side of the line to another.

"I wouldn't like to leave my country, Mexico, but how am I to live, how am I to eat? I've been waiting here at the border for months. Truly I'm afraid. What happened the other day to Paco really left us people in the village flabber-gasted. He left with an experimented *pollero* who swore they would reach the other side. In the night of soul and water, the Border Control busted him. It even came out in the papers—that's how we found out."

La Chabelita Castillo González gets up very early every day to go work at the *Maquiladora*. She doesn't want to know anything about crossing anymore, now she's scared. And for her it's easy to cross because she has no man, no chil-dren. Less than a year ago, a *pollero* took all her money in order to take her and others—who had paid $700—to the U.S.A. At the end, he abandoned them in the desert. After a day without food or water, the Border Patrol found them almost lifeless, and proceeded to interrogate them without pity. So, Chabelita never wants to try again because when they sent her back to Tijuana they said, "Next time we'll put you in jail for aggravated felony"—"God knows what that means. So now I'm scared to death to cross the border, even though here, in this godfor-saken town, there's no one you can even rob."

"My grandfather used to say that before it was easy to go back forth, everything was the same. Men and women would go and work in the States and they always came back. Now, the Gringos argue that they don't need us any more while before we used to be the underdogs, the ones who did all the dirty work that Gringos would never do."

For many years the Chicanos were a forgotten people in a no man's land, in ghost towns that we called in Mexico *ciudades de paso*, walk-through cities, cities where no one settles, bad cities for bad people, just as Cuernavaca is called a sunny place for shady people.

Tijuana, in 1926, had nothing but slums. The Casino *Agua Caliente*, owned by an American company, started giving work to the poorest Mexicans, who became waiters, janitors, errand or bellboys, dishwashers, bed-makers in whore houses, cheap singers and guitar players. Because of Prohibition, stars came from Hollywood—Douglas Fairbanks, Clark Gable. It was in *Agua Caliente* (today a public school) that Rita Hayworth began her singing career under her real name: Lola Cansino.

Even if *Agua Caliente* were considered a first-class casino and frequently compared to Monte Carlo, it was run and visited by Americans. The designations "first-class," "second-class," "fifth-class," have always been characteristic of the border language. The Mexican actor Eulalio González *Piporro*, who epitomized the new inhabitant of the North, a real macho dressed as a cowboy, calls himself a second-class Mexican who was lucky enough to get a first-class girl, first-class because she was a Gringa. Chicanos tried to grasp their roots that floated in the air and drifted around in the barren winds and were taken by the waters of the Rio Bravo (Rio Grande as it is called on the American side). They did not speak English and their Spanish became weaker day by day. English words were mexicanized: truck became *troca*, yard, *yarda*, *friquearse* means to freak out.

"Once upon a time a little *mariposita* was flying in the *jardín*, when *de repente* she fell *cayó* and then she *dijo*: 'Ay, what brute am I, I forgot to open my *alítas*.'"

It was not only the language. Chicanos were living "on standby," always in transit, always in a meantime land, like little *mariposítas* waiting to settle down, fluttering their *alítas* before getting their green card, before becoming residents. Rejected by both Mexicans and Americans, they had no one to turn to except themselves, their backs always wet; that is why Gloria Anzaldua's title for the book she co-authored with Norma Alarcon is so good: *This Bridge Called My Back*.

The ribs over which the bridge was built as a passage across the border have acquired a new significance. These Mexicans finally reached a different shore, the shore of their awareness, their participation, their fight for their right to be in their land. When the Treaty of Guadalupe Hidalgo ended the war between our two countries on February 2, 1848, Mexico lost half its territory. In these empty lands, long before the American settlers built their homes, Mexicans lived and buried their dead, and Mexicans never abandon their dead ones.

Now, even with fear in their hearts, Mexican-Americans come out in the streets to protest their status as legal aliens; their recently acquired assertiveness now answers the questions asked by Tino Villanueva:

"You, whatsyourname? Mexicano, latino, meskin, skin, Mex-guy, Mex-Am, Latin-American, Mexican-American, Chicano."

Usually called Hispanics, Mexican-American are learning how to love themselves:
... el sarape de mi personalidad

        comes in fantastic colors
                basic
                essentially fundamentals
        you know that I would be up hung
        to say
                it didn't really pang ...
        Y mi sol shines on
                to propagate
                the joy of our people
                and the pangs of our laughter
      mi gente vibra y teje
                nuestro sarape
                versátil
                and masterful.

                        Alurista, "Floricanto"

When nationalism no longer exists, when men will all try to live together, when the melting pot has burnt away—because, as the scientists say, our earth is getting warmer and warmer every day—the only frontiers we will have to deal with will be the ones within us, our interior frontiers. Our prejudices against sexual orientation, racism, anti-semitism, and all the other "isms" will have lost all their significance. Mexico will have recuperated its lost territories to the United States through migrant tactics, and Uncle Sam will become a comical figure, instead of one that inspires fear and hate. The 20th century is soon to end and Los Angeles is the most important Spanish-speaking city—there are more than 15 million Americans of Mexican descent who live in the new Atzlán. They live in the States but their culture, religion, customs, traditions, and food are linked to peasant Mexico.

There is no greater Mexican heroine than the Virgin of Guadalupe, who crossed the Atlantic Ocean with the Spanish conquerors and proved she had no frontiers. Once a nationalistic symbol held high as a war-banner by Miguel Hidalgo, who called upon her help to start the war for Mexican Independence in 1810, the Virgin of Guadalupe is very capable of performing another miracle and tear to pieces all border lines with her little brown hands.

                    The end, thank God and the Virgin of Guadalupe.

LAS FRONTERAS INTERNAS

Por Elena Poniatowska

<<Y la frontera de aquí adentro?>>, había dicho la gringa tocándose la cabeza. <<Y la frontera de acá adentro?>>, había dicho el general Arroyo tocándose el corazón. <<Hay una frontera que sólo nos atrevemos a cruzar de noche -había dicho el gringo viejo-: la frontera de nuestras diferencias con los demás, de nuestros combates con nosotros mismos.>>

Carlos Fuentes, *Gringo Viejo*

Expulsados por la pobreza, atraídos por la demanda de mano de obra barata en Estados Unidos, más de tres mil migrantes indocumentados atraviesan "la línea" a diario. Apenas dos de cada diez alcanzan su destino, el resto es capturado por la *border patrol*, interrogado, incomunicado, insultado, humillado y finalmente expulsado a México. A partir del 10 de abril de 1997, los migrantes han sido acusados del delito de "felonía agravada," los que significa que si intentan ingresar nuevamente a los Estados Unidos pueden ser encarcelados hasta cinco años antes de su deportación.

"Si nadie, si sólo nostros queremos hacer este trabajo por qué nos matan?" Este río, esta frontera no es lo único que nos dicide. Las leyes, el idioma, todo. Yo sé que los abuelos de estos gringos también vinieron huyendo de sus tierras, de Liverpool, de Irlanda, de por allá; tampoco a ellos los querían y ahora nos hacen lo mismo. El lecho de este río esta lleno de cadáveres. Algún día, su negra furia va a rebasar los dos bordes. Cruzarlo es volver al origen, por eso es tan duro, es como volver a nacer, echarse un volado Aguila o sol? Es volver a empezar desde la nada, sin nombre, sin rostro, para salir al otro lado a reciperar la identidad.

Qué tiene el otro lado que tanto nos jala? Trabajo. Los *little Mexican jumping beans* trabajamos duro por muy poco.

Las mujeres que recogen algodón, brocoli, jitomate, lechuga, frutas y otras verduras en el Valle Imperial llevan colores alegres sobre su cabeza y sus hombros. Hasta sonríen, a ratos, bajo su sombrero de paja mientras cortan las fresas. Vienen de Michoacán, Jalisco, San Luis Potosí y los estados norteños de Sonora y Sinaloa. Algunas hasta vienen de Centroamérica. Son trabajadores rápidos, capaces y como a veces ni siquiera hablan español no saben lo que significa la injusticia. La pobreza siempre ofende así que se la guardan. El solo hecho de darle trabajo a un mexicano es ya tratarlo bien, a él o a ella, aunque termine en el hospital, como a un lemon-picker en un rancho de California que se electrocutó al treparse a uno de los árboles. Permaneció en el hospital más de un año, sin entender, sin hablar con nadie, sin atreverse a avisarle a su esposa. No quería que lo viera achicharrado en la cama y con ese fracaso encima.

La tragedia siempre cuelga sobre la frontera como una piñata. Ser ilegal—u el primo Frank de allá del otro lado es iligal—es no poder enfermarse, no poder mandar a los chamacos a la escuela, no poder caminar en la calle tranquilo en la Tierra Prometida. Sucede lo mismo que los tiempos de César Chávez y Reies López Tijerina que levantaron un registro de todos los letreros en cafés y tendajones que decían: "No se permiten mexicanos ni perros."

"Del otro lado, el Primo Frank habla algo que se parece al inglés pero no lo es. Tampoco es español. Me dice que de uno y otro lado desprecian a los que son como él, que si por "pochos," que si por "beaners," "greasers" los quiere porque no pertenecen ni a uno ni a otro lado. A veces no se pertenecen ni a si mismos, tal vez por se quedaron se quedaron a la mitad de la nada, en ningún lado."

"There's no trouble bato, whatcha, date tinta" insiste Frank con esto de pasarse al otro "laredo" . . .

"Yo no quisiera irme de aquí, pero de qué vivo, de qué como? Que afán de estar esperando aquí a la orílla. La verdad tengo miedo. Lo que le pasó el otro día al Paco nos dejó a todos fríos en el pueblo. Salió, como muchos, con la esperanza de conseguir empleo. A la hora de cruzar la frontera, en la noche del alma y del agua, se lo tronaron los de la *border,* salió hasta en los periódicos, por eso nos enteramos.

La Chabelita Castillo González se levanta todos los días temprano a la maquiladora. Ya no quiere saber nada de cruzarse. Ahora tiene miedo, y eso que para ella ses fácil porque no tiene chamacos ni hombre, qué tal sí. Hace menos de un año un *pollero* les sacó lana, a ella y a otros a cambio de pasarlos, al final los fue a tirar al desierto y si no se pelaron fue porque los encontró una patrulla de la *border.* La tuvieron más de un día sin tragar, regresó de milagro. Pa'cabarla de amolar le advirtieron que si la volvían a ver la iban a entambar, quesque por "felonía agravada," sabrá Dios que es eso, la mera verdad, ahora le saca a esto de cruzar, aunque no nos quede de otra, aquí ya noi robando, a quién se le puede robar en este pueblo muerto de hambre?

"Decía el abuelo que antes era más fácil pasar y regresar, que todo era lo mismo. Los mayores, se iban y siempre regresaban. Si ellos necesitan de nuestro trabajo, por qué dicen ya no? Si nadie más que nosotros hace este trabajo, por qué nos lo niegan?

Durante años, los Chicanos fueron un pueblo olvidado en tierra de nadie, en ciudades fantasmas, ciudades de paso, a las que se atraviesa, en las que nadie se asienta, ciudades malas para qente mala, así como a Cuernavaca la llaman en inglés "a sunny place for shady people."

En 1926, Tijuana era una cidad perdida. Puros tiraderos. El *Casino Agua*

Caliente empezó a darle trabajo a los mexicanos más pobres. Se volvieron meseros, afanadores, manaderos, lavaplatos, recamareros, cantantes con guitarra y hasta mariachis. En la época de la Prohibición vinieron de Hollywood las estrellas de cine, Douglas Fairbanks, Clark Gable. Allí, en el mero Agua Caliente—hoy escuela,—Rita Hayworth empezó a cantar bajo su verdadero nombre Lola Cansino.

Aunque a Agua Caliente se le consideraba un casino de primera comparable a Monte Carlo, lo visitaban nortamericanos que se ponían hasta atrás de borrachos. El término "primera clase," "segunda" "quinta clase" dsiempre ha sido parte del lenguaje fronterizo. El actor Eulalio González *Piporro*, paradigma del norteño, macho, entrón, de sombrero tejano, se llamó a si mismo mexicano de segunda que conquistó a una de primera porque resulto gringa.

Los Chicanos intentaban retener sus raices que flotaban en el aíre como ellos mismos, ya no conocían las señales del viento como sus abuelos, se los llevaban las aguas del Rio Bravo (el Rio Grande como lo llaman del otro lado). No hablaban inglés y su español se perdía a día, mexicanizaban al inglés, truck se volvía troca, yard, yarda, friquearse, rajarse.
"Once upon a time a little *mariposita* was flying in the *jardin*, when *de repente* she fell *cayó* and then she *dijo*. "Ay, what brute an I, I forgot to open my *alitas*."

No era sólo el idioma, tambien los Chicanos vivían "on stand by," siempre de paso, tránsito, siempre en tierra de nadie como mariposas en espera de la flor, moviendo sus alitas antes de conseguir su greeen card, antes de volverse residentes. Rechazados tanto por mexicanos como por norteamericanos no tenían en quien confiar salvo en si mismo, su espalda siempre mojada, por eso el título del libro de Gloria Anzaldua y Norma Alarcón es tan bueno: *Esta puente mi espalda.*

Las costillas sobre las que se construye lel puente a través de la frontera tiene un significado nuevo. Estos mexicanos por fín han alcanzado la otra orilla, la del conocimiento y la conciencia de que tienen derecho a su tierra. Cuando el Tratado de Guadalupe-Hidalgo dio por concluida la guerra el 5 de febrero de 1848, México perdió la mitad de su territorio. En esas tierras yermas, vacías mucho antes que los colonizadores norteamericanos construyeran su casa, los mexicanos vivían y entrerraban a sus muertos y los mexicanos jamás abandonan a sus muertos.   A pesar del miedo, los hispanos, chicanos o como los llamen salen a protestar las calles. Esa seguridad recientemente adquirida reponde a las preguntas que alguna vez hizo Tino Villanueva.

"You whatsyourname? Mexicano, latino, meskin, Mes-guy, Mex-Am, Lantin-American, Mexican-American, Chicano."
Ahora los chicanos aman sus dos raíces: la mexicana y la norteamericana.
" . . . El sarape de mi personalidad
comes in fantastic colors
basic

                    essentially fundamentals
you know that I would be up hung
to say
            it didn't really pang . . .
Y mi sol shines on
                    to propagate
                    the joy of our people
                    and the pangs of our laughter
mi gente vibra y teje
                    nuestro sarape
                    versátil
                    and masterful.
                                Alurista, "Floricanto"

Cuando el nacionalismo ya no exista, cuando todos los hombres intenten vivir juntos, cuando el tan traido y llevado melting pot se haya quemado—porque como dicen los científicos el planeta tierra se calienta día a día—las únicas fronteras que tendremos que cruzarr serán las que tenemos dentro, nuestras fronteras interiores. Nuestros prejuicios en contra de las opciones sexuales. El racismo, el anti-semitismo y todos los demás "ismos" perderán todo significado. México habrá recuperado sus territorios perdidos a los Estados Unidos mediante tácticas migratorias. El tío Sam se concertirá en una figura cómica y no una que inspira miedo y odio. El Siglo XX está por terminar y Los Angeles es la ciudad de habla española más importante—más de 15 millones de norteamericanos de descendencia mexicana habitan esta nueva Aztlán. No hay patrona más grande que la Virgen de Guadalupe. Atravesó el océano Atlántico con los Conquistadores y demostró co tener fronteras. La Virgen fue alguna vez el estandarte que Miguel Hidalgo levantó para iniciar la guerra de Independencia en 1810. Bien podría ahora, hacer otro milagro y tomar entre sus manitas morenas todas las fronteras para desvanecerlas.

                        El fin, gracias a Dios y la Virgen de Guadalupe

TREATY BETWEEN THE UNITED STATES OF AMERICA AND THE MEXICAN REPUBLIC

In the name of Almighty God:

The United States of America, and the United Mexican States, animated by a sincere desire to put an end to the calamities of the war which unhappily exists between the two Republics, and to establish upon a solid basis relations of peace and friendship, which shall confer reciprocal benefits upon the citizens of both, and mutual confidence, wherein the two Peoples should live, as good Neighbors, have for that purpose appointed their respective Plenipotentiaries: that is to say, the President of the United States has appointed Nicholas P. Trist, a citizen of the United States, and the President of the Mexican Republic has appointed Don Luis Gonzaga Cuevas, Don Bernardo Couto, and Don Miguel Atristain, citizens of the said Republic; who, after a reciprocal communication of their respective full powers, have, under the protection of Almighty God, the author of Peace, arranged, agreed upon, and signed the following:

Treaty of Peace, Friendship, Limits and Settlement between the United States of America and the Mexican Republic.

Article I

There shall be firm and universal peace between the United States of America and the Mexican Republic, and between their respective Countries, territories, cities, towns and people, without exception of places or persons.

Article II

Immediately upon the signature of this Treaty, a convention shall be entered into between a Commissioner of Commissioners appointed by the General in Chief of the forces of the United States, and such as may be appointed by the Mexican Government, to the end that a provisional suspension of hostilities shall take place, and that, in the places occupied by the said forces, constitutional order may be reestablished, as regards the political, administrative and judicial branches, so far as this shall be permitted by the circumstances of military occupation.

Article III

Immediately upon the ratification of the present treaty by the Government of the United States, orders shall be transmitted to the Commanders of their land and naval forces, requiring the latter, (provided this Treaty shall then have been rati-

naval forces, requiring the latter, (provided this Treaty shall then have been rati-fied by the Government of the Mexican Republic, and the ratifications exchanged) immediately to desist from blockading any Mexican ports; and requir-ing the former (under the same condition) to commence, at the earliest moment practicable, withdrawing all troops of the United States then in the interior of the Mexican Republic, to points, that shall be selected by common agreement, at a distance from the sea-ports, not exceeding thirty leagues; and such evacuation of the interior of the Republic shall be completed with the least possible delay: the Mexican Government hereby binding itself to afford every facility in it's power for rendering the same convenient to the troops, on their march and in their new positions, and for promoting a good understanding between them and the inhabi-tants. In like manner, orders shall be despatched to the persons in charge of the custom houses at all ports occupied by the forces of the United States, requiring them (under the same condition) immediately to deliver possession of the same to the persons authorized by the Mexican Government to receive it, together with all bonds and evidences of debt for duties on importations and on exportation, not yet fallen due. Moreover, a faithful and exact account shall be made out, showing the entire amount of all duties on imports and on exports, collected at such Cus-tom Houses, or elsewhere in Mexico, by authority of the United States from and after the day of ratification of this Treaty by the Government of the Mexican Republic; and also an account of the cost of collection; and such entire amount, deducting only the cost of collection, shall be delivered to the Mexican Govern-ment, at the City of Mexico, within three months after the exchange of ratifica-tions.

The evacuation of the Capital of the Mexican Republic by the Troops of the Unit-ed States, in virtue of the above stipulation, shall be completed in one month after the orders there stipulated for shall have been received by the commander of said troops, or sooner if possible.

Article IV

Immediately after the exchange of ratifications of the present treaty, all castles, forts, territories, places and possessions, which have been taken or occupied by the forces of the United States during the present war, within the limits of the Mexican Republic; as about to be established by the following Article, shall be definitively restored to the said Republic, together with all the artillery, arms, apparatus of war, munitions, and other public property, which were in the said castles and forts when captured, and which shall remain there at the time when this treaty shall be duly ratified by the Government of the Mexican Republic. To this end, immediately upon the signature of this treaty, orders shall be despatched to the American officers commanding such castles and forts, securing against the

or other public property. The city of Mexico, within the inner line of entrenchments surrounding the said city, is comprehended in the above stipulations, as regards the restoration of artillery, apparatus of war, &c.

The final evacuation of the territory of the Mexican Republic, by the forces of the United States, shall be completed in three months from the said exchange of ratifications, or sooner, if possible: the Mexican Government hereby engaging, as in the foregoing Article, to use all means in its power for facilitating such evacuation, and rendering it convenient to the troops, and for promoting a good understanding between them and the inhabitants.

If, however, the ratification of this treaty by both parties should not take place in time to allow the embarkation of the troops of the United States to be completed before the commencement of the sickly season, at the Mexican ports on the Gulf of Mexico; in such case a friendly arrangement shall be entered into between the General in Chief of the said troops and the Mexican Government, whereby healthy and otherwise suitable places at a distance from the ports not exceeding thirty leagues shall be designated for the residence of such troops as may not yet have embarked, until the return of the healthy season. And the space of time here referred to, as comprehending the sickly season, shall be understood to extend from the first day of May to the first day of November.

All prisoners of war taken on either side, on land or on sea, shall be restored as soon as practicable after the exchange of ratifications of this treaty. It is also agreed that if any Mexicans should now be held as captives by any savage tribe within the limits of the United States, as about to be established by the following Article, the Government of the said United States will exact the release of such captives, and cause them to be restored to their country.

Article V
The Boundary line between the two Republics shall commence in the Gulf of Mexico, three leagues from land, opposite the mouth of the Rio Grande, otherwise called Rio Bravo del Norte, or opposite the mouth of its deepest branch, if it should have more than one branch emptying directly into the sea; from thence, up the middle of that river, following the deepest channel, where it has more than one to the point where it strikes the Southern boundary of New Mexico; thence, westwardly along the shore Southern Boundary of New Mexico (which runs north of the town called *Paso*) to its western termination; thence, northward, along the western line of New Mexico, until it intersects the first branch of the river Gila; (or if it should not intersect any branch of that river, then, to the point on the said line nearest to such branch, and thence in a direct line to the same;)

on the said line nearest to such branch, and thence in a direct line to the same;) thence down the middle of the said branch and of the said river, until it empties into the Rio Colorado; thence, across the Rio Colorado, following the division line between Upper and Lower California, to the Pacific Ocean.

The southern and western limits of New Mexico, mentioned in this Article, are those laid down in the Map, entitled "*Map of the United Mexican States, as organized and defined by various acts of the Congress of said Republic, and constructed according to the best authorities. Revised edition. Published at New York in 1847 by J. Disturnell:*" Of which Map a Copy is added to this Treaty, bearing the signatures and seals of the Undersigned Plenipotentiaries. And, in order to preclude all difficulty in tracing upon the ground the limit separating Upper from Lower California, it is agreed that the said limit shall consist of a straight line, drawn from the middle of the Rio Gila, where it unites with the Colorado, to a point on the Coast of the Pacific Ocean, distant one marine league due south of the southernmost point of the Port of San Diego, according to the plan of said port, made in the year 1782, by Don Juan Pantoja, second sailing Master of the Spanish fleet, and published at Madrid in the year 1802, in the Atlas to the voyage of the schooners *Sutil* and *Mexicana*: of which plan a Copy is hereunto added, signed and sealed by the respective Plenipotentiaries.

In order to designate the Boundary line with due precision, upon authoritative maps, and to establish upon the ground landmarks which shall show the limits of both Republics, as described in the present Article, the two Governments shall each appoint a Commissioner and a Surveyor, who before the expiration of one year from the date of the exchange of ratifications of this treaty, shall meet at the Port of San Diego, and proceed to run and mark the said Boundary in it's whole course to the mouth of the Rio Bravo del Norte. They shall keep journals and make out plans of their operations; and the result, agreed upon by them, shall be deemed a part of this treaty, and shall have the same force as if it were inserted therein. The two Governments will amicably agree regarding what may be necessary to these persons, and also as to their respective escorts, should such be necessary.

The Boundary line established by this Article shall be religiously respected by each of the two Republics, and no change shall ever be made therein, except by the express and free consent of both nations, lawfully given by the General Government of each, in conformity with it's own constitution.

Article VI

The vessels and citizens of the United Stated shall, in all time, have a free and uninterrupted passage by the Gulf of California, and by the river Colorado below its confluence with the Gila, to and from their possessions situated north of the Boundary line defined in the preceding Article: it being understood that this passage is to be by navigating the Gulf of California and the river Colorado, and not by land, without the express consent of the Mexican Government.

If, by the examinations which may be made, it should be ascertained to the practicable and advantageous to construct a road, canal or railway, which should, in whole or in part, run upon the river Gila, or upon its right or its left bank, within the space of one marine league from either margin of the river, the Governments of both Republics will form an agreement regarding its construction, in order that it may serve equally for the use and advantage of both countries.

Article VII

The river Gila, and the part of the Rio Bravo del Norte lying below the southern boundary of New Mexico, being, agreeably to the fifth Article, divided in the middle between the two Republics, the navigation of the Gila and of the Bravo below said boundary shall be free and common to the vessels and citizens of both countries; and neither shall, without the consent of the other, construct any work that may impede of interrupt, in whole or in part, the exercise of this right: not even for the purpose of favoring new methods of navigation. Nor shall any tax or contribution, under any denomination or title, be levied upon vessels or persons navigating the same, or upon merchandise or effects transported thereon, except in the case of landing upon one of their shores. If, for the purpose of making the said rivers navigable, or for maintaining them in such state, it should be necessary of advantageous to establish any tax or contribution, this shall not be done without the consent of both Governments.

The stipulations contained in the present Article shall not impair the territorial rights of either Republic, within its established limits.

Article VIII

Mexicans now established in territories previously belonging to Mexico, and which remain for the future within the limits of the United States, as defined by the present Treaty, shall be free to continue where they now reside, or to remove at any time to the Mexican Republic, retaining the property which they posses in the said territories, or disposing thereof and removing the proceeds wherever they please; without their being subjected, on this account, to any contribution, tax or charge whatever.

Those who shall prefer to remain in the said territories, may either retain the title and rights of Mexican citizens, or acquire those of citizens of the United States. But, they shall be under the obligation to make their election within one year from the date of the exchange of ratifications of this treaty: and those who shall remain in the said territories, after the expiration of that year, without having declared their intention to retain the character of Mexicans, shall be considered to have elected to become citizens of the United States.

In the said territories, property of every kind, now belonging to Mexicans not established there, shall be inviolably respected. The present owners, the heirs of these, and all Mexicans who may hereafter acquire said property by contract, shall enjoy with respect to it, guaranties equally ample as if the same belonged to citizens of the United States.

Article IX

The Mexicans who,, in the territories aforesaid, shall not preserve the character of citizens of the Mexican Republic, conformably with what is stipulated in the preceding article, shall be incorporated into the Union of the United States and be admitted, at the proper time (to be judged of by the Congress of the United States) to the enjoyment of all the rights of citizens of the United States according to the principles of the Constitution; and in the mean time shall be maintained and protected in the free enjoyment of their liberty and property, and secured in the free exercise of their religion without restriction.

Article X

[Stricken out]

Article XI

Considering that a great part of the territories which, by the present treaty, are to be comprehended for the future within the limits of the United States, is now occupied by savage tribes, who will hereafter be under the exclusive control of the Government of the United States, and whose incursions within the territory of Mexico would be prejudicial in the extreme; it is solemnly agreed that all such incursions shall be forcibly restrained by the Government of the United States, whensoever this may be necessary; and that when they cannot be prevented, they shall be punished by the said Government, and satisfaction for the same shall be exacted: all in the same way, and with equal diligence and energy, as if the same incursions were meditated or committed within its own territory against its own citizens.

It shall not be lawful, under any pretext whatever, for any inhabitant of the United States, to purchase or acquire any Mexican or any foreigner residing in Mexico, who may have been captured by Indians inhabiting the territory of either of the two Republics; nor to purchase or acquire horses, mules, cattle, or property of any kind, stolen within Mexican territory by such Indians;

And, in the event of any person or persons, captured within Mexican territory by Indians, being carried into the territory of the United States, the Government of the latter engages and binds itself, in the most solemn manner, so soon as it shall know of such captives being within its territory, and shall be able so to do, through the faithful exercise of its influence and power, to rescue them, and return them to their country, or deliver them to the agent or representative of the Mexican Government. The Mexican Authorities will, as far as practicable, give to the Government of the United States notice of such captures; and its agent shall pay the expenses incurred in the maintenance and transmission of the rescued captives; who, in the mean time, shall be treated with the utmost hospitality by the American Authorities at the place where they may be. But if the Government of the United States, before receiving such notice from Mexico, should obtain intelligence through any other channel, of the existence of Mexican captives within its territory, it will proceed forth worth to effect their release and delivery to the Mexican agent, as above stipulated.

For the purpose of giving to these stipulations the fullest possible efficacy, thereby affording the security and redress demanded by their true spirit and intent, the Government of the United States will now and hereafter pass without unnecessary delay, and always vigilantly enforce, such laws as the nature of the subject may require. And finally, the sacredness of this obligation shall never be lost sight of by the said Government, when providing for the removal of the Indians from any portion of the said territories, or for its being settled by citizens of the United States; but on the contrary, special care shall then be taken not to place its Indian occupants under the necessity of seeking new homes, by committing those invasions which the United States have solemnly obliged themselves to restrain.

Article XII

In consideration of the extension acquired by the boundaries of the United States, as defined in the fifth Article of the present treaty, the Government of the United States engages to pay to that of the Mexican Republic the sum of fifteen Millions of Dollars.

Immediately after this Treaty shall have been duly ratified by the Government of the Mexican Republic, the sum of three Millions of Dollars shall be paid to the said Government by that of the United States at the city of Mexico, in the gold or silver coin of Mexico. The remaining twelve Millions of Dollars shall be paid at the same place, and in the same coin, in annual instalments of three Millions of Dollars each, together with interest on the same at the rate of six centrum per

Dollars each, together with interest on the same at the rate of six centrum per annum. This interest shall begin to fun upon the whole sum of twelve millions, from the day of the ratification of the present treaty by the Mexican Government, and the first of the instalments shall be paid at the expiration of one year from the same day. Together with each annual instalment, as it falls due, the whole interest accruing on such instalment from the beginning shall also be paid.

Article XIII

The United States engage moreover, to assume and pay to the claimants all the amounts now due them, and those hereafter to become due, by reason of the claims already liquidated and decided against the Mexican Republic, under the conventions between the two Republics, severally concluded on the eleventh day of April eighteen hundred and thirty-nine, and on the thirtieth day of January eighteen hundred and forty-three: so that the Mexican Republic shall be absolutely exempt for the future, from all expense whatever on account of the said claims.

Article XIV

The united States do furthermore discharge the Mexican Republic from all claims of citizens of the United States, not heretofore decided against the Mexican Government, which may have arisen previously to the date of the signature of this treaty: which discharge shall be final and perpetual, whether the said claims be rejected or be allowed by the Board of Commissioners provided for in the following Article, and whatever shall be the total amount of those allowed.

Article XV

The United States, exonerating Mexico from all demands on account of the claims of their citizens mentioned in the preceding Article, and considering them entirely and forever canceled, whatever their amount may be, undertake to make satisfaction for the same, to an amount not exceeding three and one quarter millions of dollars. To ascertain the validity and amount of those claims, a Board of Commissioners shall be established by the Government of the United States, whose awards shall be final and conclusive: provided that in deciding upon the validity of each claim, the board shall be guided and governed by the principles and rules of decision prescribed by the first and fifth Articles of the unratified convention, concluded at the city of Mexico on the Twentieth day of November one thousand eight hundred and forty-three; and in no case shall an award be made in favor of any claim not embraced by these principles and rules.

If, in the opinion of the said Board of Commissioners, or of the claimants, any books, records or documents in the possession or power of the Government of the Mexican Republic , shall be deemed necessary to the just decision of any

od as Congress may designate, make an application in writing for the same, addressed to the Mexican Minister for Foreign Affairs, to be transmitted by the Secretary of State of the United States; and the Mexican Government engages, at the earliest possible moment after the receipt of such demand, to cause any of the books, records or documents, so specified, which shall be in their possession or power, (or authenticated copies or extracts of the same) to be transmitted to the said Secretary of State, who shall immediately deliver them over to the said Board of Commissioners: *Provided* That no such application shall be made, by, or at the instance of, any claimant, until the facts which it is expected to prove by such books, records or documents, shall have been stated under oath or affirmation.

Article XVI

Each of the contracting parties reserves to itself the entire right to fortify whatever point within its territory, it may judge proper so to fortify, for its security.

Article XVII

The Treaty of Amity, Commerce and Navigation, concluded at the city of Mexico on the fifth day of April A.D. 1831, between the United States of America and the United Mexican States, except the additional Article, and except so far as the stipulations of the said treaty may be incompatible with any stipulation contained in the present treaty, is hereby revived for the period of eight years from the day of the exchange of ratifications of this treaty, with the same force and virtue as if incorporated therein; it being understood that each of the contracting parties reserves to itself the right, at any time after the said period of eight years shall have expired, to terminate the same by giving one year's notice of such intention to the other party.-

Article XVIII

All supplies whatever for troops of the United States in Mexico, arriving at ports in the occupation of such troops, previous to the final evacuation thereof, although subsequently to the restoration of the Custom Houses at such ports, shall be entirely exempt from duties and charges of any kind: the Government of the United States hereby engaging and pledging its faith to establish and vigilantly to enforce, all possible guards for securing the revenue of Mexico, by preventing the importation, under cover of this stipulation, of any articles, other than such, both in kind and in quantity, as shall really be wanted for the use and consumption of the forces of the United States during the time they may remain in Mexico. To this end, it shall be the duty of all officers and agents of the United States to denounce to the Mexican Authorities at the respective ports, any attempts at a fraudulent abuse of this stipulation, which they may know of or may have reason to suspect, and to give to such authorities all the aid in their power with regard

may have reason to suspect, and to give to such authorities all the aid in their power with regard thereto: and every such attempt, which duly proved and established by sentence of a competent tribunal, shall be punished by the confiscation of the property so attempted to be fraudulently introduced.

Article XIX

With respect to all merchandise, effects and property whatsoever, imported into ports of Mexico, whilst in the occupation of the forces of the United States, whether by citizens of either republic, or by citizens or subjects of any neutral nation, the following rules shall be observed:

I. All such merchandise, effects and property, if imported previously to the restoration of the Custom Houses to the Mexican Authorities, as stipulated for in the third Article of this treaty, shall be exempt from confiscation, although the importation of the same be prohibited by the Mexican tariff.

II. The same perfect exemption shall be enjoyed by all such merchandise, effects and property, imported subsequently to the restoration of the Custom Houses, and preciously to the sixty days fixed in the following Article for the coming into force of the Mexican tariff at such ports respectively: the said merchandise, effects and property being, however, at the time of their importation, subject tot he payment of duties as provided for in the said following Article.

III. All merchandise, effects and property, described in the two rules foregoing, shall, during their continuance at the place of importation, and upon their leaving such place for the interior, be exempt from all duty, tax or impost of every kind, under whatsoever title or denomination. Nor shall they be there subjected to any charge whatsoever upon the sale thereof.

IV. All merchandise, effects and property, described in the first and second rules, which shall have been removed to any place in the interior, whilst such place was in the occupation of the forces of the United States, shall, during their continuance therein, be exempt from all tax upon the sale or consumption thereof, and from every kind of impost or contribution, under whatsoever title or denomination.

V. But if any merchandise, effects or property, described in the first and second rules, shall be removed to any place not occupied at the time by the forces of the United States, they shall, upon their introduction into such place, or upon their sale or consumption there, be subject to the same duties which, under the Mexican laws, they would be required to pay in such cases, if they had been imported in time of peace through the Maritime Custom Houses and had there paid the duties, conformably with the Mexican tariff.

VI. The owners of all merchandise, effects or property, described in the first and second rules, and existing in any port of Mexico, shall have the right to reship the same, exempt from all tax, impost or contribution whatever.

With respect to the metals, or other property, exported from any Mexican port, whilst in the occupation of the forces of the United States, and preciously to the restoration of the Custom House at such port, no person shall be required by the Mexican Authorities, whether General or State, to pay any tax, duty or contribution upon any such exportation, or in any manner to account for the same to the said Authorities.

Article XX

Through consideration for the interests of commerce generally, it is agreed, that if less than sixty days should elapse between the date of the signature of this treaty and the restoration of the Custom Houses, conformably with the stipulation in the third Article, in such case, all merchandise, effects and property whatsoever, arriving at the Mexican ports after the restoration of the said Custom Houses, and previously to the expiration of sixty days after the day of the signature of this treaty, shall be admitted to entry; and no other duties shall be levied thereon than the duties established by the tariff found in force at such Custom Houses at the time of the restoration of the same. And to all such merchandise, effects and property, the rules established by the preceding Article shall apply.-

Article XXI

If unhappily any disagreement should hereafter arise between the Governments of the two Republics, whether with respect to the interpretation of any stipulation in this treaty, or with respect to any other particular concerning the political or commercial relations of the two Nations, the said Governments, in the name of those Nations, do promise to each other, that they will endeavor, in the most sincere and earnest manner, to settle the differences so arising, and to preserve the state of peace and friendship, in which the two countries are now placing themselves: using, for this end, mutual representations and pacific negotiations. And if, by these means, they should not be enabled to come to an agreement, a resort shall not, on this account , be had to reprisals, aggression or hostility of any kind, by the one Republic against the other, until the Government of that which deems itself aggrieved, shall have maturely considered, in the spirit of peace and good neighbourship, whether it would not be better that such difference should be settled by the arbitration of Commissioners appointed on each side, or by that of a friendly nation. And should such course be proposed by either party, it shall be acceded to by the other, unless deemed by it altogether incompatible with the nature of the difference, or the circumstances of the case.

Article XXII

If (which is not to be expected, and which God forbid!) War should unhappily

solemnly pledge themselves to each other and to the world, to observe the following rules: absolutely, where the nature of the subject permits, and as closely as possible in all cases where such absolute observance shall be impossible.

I. The merchants of either Republic, then residing in the other, shall be allowed to remain twelve months (for those dwelling in the interior) and six months (for those dwelling at the sea-ports) to collect their debts and settle their affairs; during which periods they shall enjoy the same protection, and be on the same footing, in all respects, as the citizens or subjects of the most friendly nations; and, at the expiration thereof, or at any time before, they shall have full liberty to depart, carrying off all their effects, without molestation or hindrance: conforming therein to the same laws, which the citizens or subjects of the most friendly nations are required to conform to. Upon the entrance of the armies of either nation into the territories of the other, women and children, ecclesiastics, scholars of every faculty, cultivators of the earth, merchants, artisans, manufacturers, and fishermen, unarmed and inhabiting unfortified towns, villages or places, and in general all persons whose occupations are for the common subsistence and benefit of mankind, shall be allowed to continue their respective employments, unmolested in their persons. Nor shall their houses or goods be burnt, or otherwise destroyed; nor their cattle taken, nor their fields wasted, by the armed force, into whose power, by the events of war, they may happen to fall; but if the necessity arise to take anything from them for the use of such armed force, the same shall be paid for at an equitable price. All churches, hospitals, schools, colleges, libraries, and other establishments for charitable and beneficent purposes, shall be respected, and all persons connected with the same protected in the discharge of their duties and the pursuit of their vocations.

II. In order that the fate of prisoners of war may be alleviated, all such practices as those of sending them into distant, inclement of unwholesome districts, or crowding them into close and noxious places, shall be studiously avoided. They shall not be confined in dungeons, prison-ships, or prisons; nor be put in irons, or bound, or otherwise restrained in the use of their limbs. The officers shall enjoy liberty on their paroles, within convenient districts, and have comfortable quarters; and the common soldier shall be disposed in cantonments, open and extensive enough for air and exercise, and lodged in barracks as roomy and good as are provided by the party in whose power they are for its own troops. But, if any officer shall break his parole by leaving the district so assigned him, or any other prisoner shall escape from the limits of his cantonment, after they shall have been designated to him, such individual, officer or other prisoner, shall forfeit so much of the benefit of this article as provides for his liberty on parole or in cantonment. And if any officer so breaking his parole, or any common soldier so escaping from the limits assigned him, shall afterwards be found in arms, preciously to his being regularly exchanged, the person so offending shall be dealt with according

25. *Mexican family, San Juan Capistrano*

Familia mexicana, San Juan Capistrano.

26. Reproduced by permission from the original in the Henry E. Huntington Library and Art Gallery.

Reproducido, con permiso, del original que se encuentra en la Henry E. Huntington Library and Art Gallery.

27. Photograph by Henry Wilhelm. Reproducio con permiso.

Fotografía por Henry Wilhelm.

28. Emanuel Martínez, *Tierro o Muerte*, 1976.

29. Pedro A. Rodriguez (b. 1936). *La Migra II*, 1979.

30. Wayne Alaniz Healy (b. 1946). *Ghosts of the Barrio*, 1974.

31. Emigdio Vasquez. *A History of the Chicano Working Class*, 1979.

32. Daniel DeSiga. *Campesino*, 1976.

Captions 25 through 32

25. *Mexican family.* Reproduced by permission from the original at the Bancroft Library, University of California, Berkeley.
By the turn of the century, families like these moved seasonally to follow the harvest. They had a home in the older barrios for a few months of the year.

25. *Familia mexicana.* Reproducio, con permiso, del original que se encuentra en la Bancroft Library, University of California, Berkeley. A principios de siglo, muchas familias como ésta se desplazaban según la estación del año para seguir las cosechas. Tenían un hogar en los barrios antiguos en el que vivían unos cuantos meses del año.

26. Reproduced by permission from the original in the Henry E. Huntington Library and Art Gallery. The traditional family fiesta depicted here shows both the continuation of the old customs and the influence of American culture. This gave rise to an ethnic culture, a mixture of many influences.

26. Reproducido, con permiso, del original que se encuentra en la Henry E. Huntington Library and Art Gallery. La tradicional fiesta familiar ilustrada aquí muestra no solamente la continuación de las viejas costumbres sino también la influencia de la cultura americana. Esto dio origen a una cultura étnica, una mezcla de muchas influencias.

27. Photograph by Henry Wilhelm. Reproduced by permission.
In the 1960s, the struggle to recover the land illegally taken from New Mexicans in the 19th century continued.

27. Fotografía por Henry Wilhelm. Reproducida con permiso. En la década de 1980 continuó la lucha por recobrar las tierras ilegalmente apropiadas de los habitantes de Nuevo México durante el siglo 19. Aparecen aquí los líderes de la asociación comunitaria de concesiones de tierras en Tierra Amarilla, al norte de Nuevo México.

28. Emanuel Martinez. *Tierro o Muerte,* 1976. Silkscreen on manila folder; 11 3/4 x 9 1/2inches. Collection of the artist. Photograph courtesy of UCLA at the Armand Hammer Museum of Art and Cultural Center, Los Angeles, California.
This poster drew on the revolutionary slogan of Emiliano Zapata to rally the people of northern New Mexico in their land grant struggle.

28. Emanuel Martínez, *Tierro o Muerte,* 1976. Serigrafía en una carpeta de cartón de 11 3/4 x 9 1/2 pulgadas. Por cortesía del artista. Fotografía por cortesía de la UCLA en el Centro Cultural y Museo de Arte Armand Hammer, Los Angeles, California. Este cartel se basa en el slogan revolucionario de Emiliano Zapata para reunir y reanimar a la gente del norte de Nuevo México en su lucha por recuperar sus concesiones de tierras.

29. Pedro A. Rodriguez (b. 1936). *La Migra II,* 1979. Acrylic on particle board; 32 x 36 inches. Collection of María Rosalinda López-Kuhn. Reproduced by permission of the artist. Photograph courtesy of UCLA at the Armand Hammer Museum of Art and Cultural Center, Los Angeles, California.
La migra, or border patrol, is often seen as an oppressive police force affecting both Chicanos and Mexicans.

29. Pedro A. Rodríguez (nacido en 1936). *La Migra II,* 1979. Pintura acrílica sobre tabla de madera de 32 x 36 pulgadas. La coleccion de María Rosalinda López-Kuhn. Por cortesía del artista. Fotografía por cortesía de la UCLA en el Centro Cultural y Museo de Arte Armand Hammer, Los Angeles, California. La migra, o patrulla fronteriza, se ve a menudo como una fuerza policial opresiva que afecta a los chicanos y mexicanos.

30. Wayne Alaniz Healy (b. 1946). *Ghosts of the Barrio*, 1974. Ramona Gardens Housing Project, Lancaster Street, East Los Angeles. Courtesy of the artist. Photograph courtesy of UCLA at the Armand Hammer Museum of Art and Cultural Center, Los Angeles, California.

Beginning in the 1960s, Chicano muralists sought to inspire youth by drawing on pre-Columbian and Mexican history. This mural, painted in the low income projects of East Los Angeles, shows contemporary Chicano youth alongside of historical figures of struggle and revolution.

30 . Wayne Alaniz Healy (nacido en 1946). *Ghosts of the Barrio*, 1974. Por cortesía del artista. Fotografía por cortesía de la UCLA en el Centro Cultural y Museo de Arte Armand Hammer, Los Angeles, California. A comienzos de la década de 1960, los muralistas chicanos trataron de entusiasmar a la juventud, inspirándose en la historia precolombina y mexicana. Este mural, pintado en los proyectos urbanos de bajos ingresos del Este de Los Angeles, muestra a la juventud chicana contemporánea al lado de las figuras históricas de la guerra y de la revolución.

31. Emigdio Vasquez. *A History of the Chicano Working Class*, 1979. Ibero-American Market, Elm and Lemon Streets, Anaheim, California. Reproduced by permission of the artist. Photograph courtesy of UCLA at the Armand Hammer Museum of Art and Cultural Center, Los Angeles, California.

The majority of Mexicans and Chicanos come from working class families. This mural depicts famous union leaders who have fought to improve conditions. Note César Chavez on extreme right.

31. Emigdio Vásquez. *A History of the Chicano Working Class*, 1979. Por cortesía del artista. Fotografía por cortesía de la UCLA en el Centro Cultural y Museo de Arte Armand Hammer, Los Angeles, California. La mayoría de los chicanos y mexicanos provienen de familias de clase obrera. Este mural ilustra a famosos líderes sindicales que han luchado por mejorar las condiciones. Observe a César Chávez en el extremo derecho.

32. Daniel DeSiga. *Campesino*, 1976. Oil on canvas; 50 1/2 x 58 1/2 inches. Collection of Alfredo Aragón. Reproduced by permission of the artist. Photograph courtesy of UCLA at the Armand Hammer Museum of Art and Cultural Center, Los Angeles, California. Chicano artists like Daniel DeSiga drew on their experiences as farm workers to communicate the oppressive conditions in the fields.

32. Daniel DeSiga, *Campesino*, 1976. Pintura al óleo sobre lona de 50 1/2 x 58 1/2 pulgadas. La coleccion de Alfredo Aragón. Por cortesía del artista. Fotografía por cortesía de la UCLA en el Centro Cultural y Museo de Arte Armand Hammer, Los Angeles, California. Los artistas chicanos como Daniel Desiga utilizaron sus experiencias como trabajadores de rancho para comunicar las condiciones opresivas en el campo.

to the established laws of war. The officers shall be daily furnished by the party in whose power they are, with as many rations, and of the same articles as are allowed either in kind or by commutation, to officers of equal rank in its own army; and all others shall be daily furnished with such ration as is allowed to a common soldier in its own service: the value of all which supplies shall, at the close of the war, or at periods to be agreed upon between the respective commanders, be paid by the other party on a mutual adjustment of accounts for the subsistence of prisoners; and such accounts shall not be mingled with or set off against any others, nor the balance due on them be withheld, as a compensation or reprisal for any cause whatever, real or pretended. Each party shall be allowed to keep a commissary of prisoners, appointed by itself, with every cantonment of prisoners, in possession of the other: which commissary shall see the prisoners as often as he pleases; shall be allowed to receive, exempt from all duties or taxes, and to distribute whatever comforts may be sent to them by their friends; and shall be free to transmit his reports in open letters to the party by whom he is employed.

And it is declared that neither the pretense that war dissolves all treaties, nor any other whatever shall be considered as annulling or suspending the solemn covenant contained in this article. On the contrary, the state of war is precisely that for which it is provided; and during which its stipulations are to be as sacredly observed as the most acknowledged obligations under the law of nature of nations.

Article XXIII

This treaty shall be ratified by the President of the United States of America, by and with the advice and consent of the Senate thereof; and by the President of the Mexican Republic, with the previous approbation of its General Congress: and the ratifications shall be exchanged in the City of Washington, or at the seat of government of Mexico, in four months from the date of the signature hereof, or sooner if practicable.

In faith whereof, we, the respective Plenipotentiaries, have signed this Treaty of Peace, Friendship, Limits and Settlement, and have hereunto affixed our seals respectively. Done in Quintuplicate, at the City of Guadalupe Hidalgo, on the second day of February in the year of Our Lord one thousand eight hundred and forty eight.

N. P. Trist. [SEAL.] Bernardo Couto.   [L. S.]
Luis G. Cuevas. [SEAL.] Migl. Atristain. [L. S.]
Bernardo Couto [SEAL.] Luis G. Cuevas. [L. S.]

Mig^L. Atristain. [SEAL.] N. P. Trist.   [L. S.]

And whereas the said Treaty, as amended, has been duly ratified on both parts, and the respective ratifications of the same were exchanged at Querétaro, on the thirtieth day of May last, by Ambrose H. Sevier and Nathan Clifford, Commissioners on the part of the Government of the United States, and by Señor Don Luis de la Rosa, Minister of Relations of the Mexican Republic, on the part of that Government:

Now, therefore, be it known, that I, James K Polk, President of the United States of America, have caused the said Treaty to be made public, to the end that the same, and every clause and article thereof, may be observed and fulfilled with god faith by the United States and the citizens thereof.

In witness whereof, I have hereunto set my hand, and caused the seal of the United States to be affixed.

Done at the City of Washington, this fourth day of July, one thousand eight hundred and forty-eight, and of the Independence of the United States the seventy-third.
James K. Polk.
By the President:
          James Buchanan
                    Secretary of State.

TRATADO ENTRE
LOS ESTADOS UNIDOS DE AMERICA
Y LA REPUBLICA MEXICANA

En el nombre de Dios Todo poderoso:

Los Estados Unidos Mexicanos y lod Estados Unidos de América, animados de un sincero deseo de poner término à las calamidades de la guerra que desgraciadamente existe entre ambas Repúblicas, y de establecer sobre báses sòlidas relaciones de paz buena amistad, que procuren recíprocas ventajas á los cuidadanos de uno y otro pais, y afianzen la concordia, armonía y mútua seguridad en que deben vivir, como buenos vecinos, los dos pueblos han nombrado á este efecto sus respectivos plenipotenciarios; á saber, el Presidente de la República Mexicana á Don Bernardo Couto, Don Miguel Atristain, y Don Luis Gonzaga Cuevas, ciudadanos de la misma República; y el Presidente de los Estados Unidos de América á Don Nicolas P. Trist, ciudadano de dichos Estados; quienes, despues de haberse comunicado sus plenos poderes, bajo la proteccion del Señor Dios Todopoderoso, autor de la paz, han ajustado, convenido, y firmado el siguiente *Tratado de paz, amistad, limites y arreglo definitivo entre la República Mexicana y los Estados Unidos de América.*

Artículo I
Habrá paz firme y universal entre la República Mexicana y los Estados Unidos de América, y entre sus respectivos paises, territorios, ciudades, villas y pueblos, sin escepcion de lugares ó personas.

Artículo II
Luego que se firme el presente tratado, habrá un convenio entre el comisionado ú comisionados del Gobierno Mexicano, y el ó los que nombre General en gefe de las fuerzas de los Estados Unidos, pare que cesen provisionalmente las hostilidades, y se restablezca en los lugares ocupados por las mismas fuerzas el órden constitucional en lo político, administrativo y judicia, en cuanto lo permitan las circunstancias de ocupacion militar.

Artículo III
Luego que este tratado sea ratificado por el gobierno de los Estados Unidos, se expedirán órdenes á sus comandantes de tierra y mar previniendo á estos segundos (siempre que el tratado haya sido ya ratificado por el gobierno de la Repúbli-

ca Mexicana, y cangeadas las ratificaciones) que inmediatamente alcen el bloqueo de todos los puertos mexicanos, y mandando á los primeros (bajo la misma condición) que á la mayor posible brevedad comiencen á retirar todas tropas de los Estados Unidos que se halláren entonces en el interior de la Rupública Mexicana, á puntos que se elegirán de comun acuerdo, y que no distarán de los puertos mas de treinta leguas; esta evacuacion del interior de la República se consumaré con la menor dilacion posible, comprometiéndose á vez el Gobierno Mexicano á facilitar, cuanto quepa en su arbitrio, la evacuacion de las tropas americanas; á hacer cómodas su marcha y su permanencia en los nuevos puntos quese elijan; y á promover una buena inteligencia entre ellas y los habitantes Igualmente se librarán órdenes á las personas encargadas de las aduanas marítimas en todos los puertos ocupados por las fuerzas de los Estados Unidos, previniéndoles (bajo la misma condicion) que pongan immediatamente en posesión de dichas aduanas á las personas autorizadas por le Gobierno mexicano para recibirlas, entregándoles al mismo tiempotodas las obligaciones y constancias de deudas pendientes por derechos de importacion y exportacion, cuyos plazos no estén vencidos. Ademas se formará una cuenta fiel y exacta que manifieste el total monto de los derechos de importacion y exportacion, recaudados en las mismas aduanas marítimas ó en cualquiera otro lugar de México, porautoridad de los Estados Unidos desde el dia de la ratificacion de este tratado por el Gobierno de la República Mexicana; y tambien una cuenta de los gastos de recaudación; y la total suma de los derechos cobrados, deducidos solaments los gastos de recaudacion, se entregará al Gobierno Mexicano en la ciudad de México á los tres meses del cange de las ratificaciones.

La evacuacion de la capital de la República Mexicana por las tropas de los Estados Unidos, en consecuencia de lo que queda estipulado, se completará al mes de recibirse por el comandante de recibirse por el comandante de dichas tropas las órdenes convenidas en el presente artículo, ó antes si fuere posible.

Artículo IV

Luego que se verifique el cange de las ratificaciones del presente tratado, todos los castillos, fortalezas, territorios, lugares y posesiones que hayan tomado ú ocupado las fuerzas de los Estados Unidos, en la presente guerra, dentro de los límites que por el siguiente articulo van á fijarse á la República Mexicana, se devolverán definitivamente á la misma República, con toda la artillería, armas, aparejos de guerra, municiones y cualquiera otra propiedad pública existente en dichos castillos y fortalezas cuando fueron tomados, y que se concerve en ellos al tiempo de ratificarse por gobierno de la República Mexicana el presente tratado. A este efecto, inmediatamente despues que se firme, se expedirán órdenes á los oficiales

Americanos que mandan dichos castillos y fortalezas para asegurar todo la artillería, armas, aparejos de guerra, municiones, y cualquiera otra propiedad pública, la cual no podrá en adelante removerse de donde se halla, ni destruirse. La ciudad de México dentro de la línea interior de atrincheramientos que la circundan, queda comprendida en la precedente estipulacion en lo que toca á la devolucion en lo que toca á la devolucion de artillería, aparejos de guerra, etca.

La final evacuacion del territorio de la República Mexicana por las fuerzas de los Estados Unidos quedará consumado á los tres meses del cange de las ratificaciones, ó antes si fuére posible, comprometiéndos á la vez el Gobierno mexicano, come en el artículo anterior, á usar de todos los medios que estén en su poder para facilitar la tal evacuacion, hacerla cómoda á las tropas americanas, y promover entre ellas y los habitantes una buena inteligencia.

Sin embargo, si la ratificacion del presente tratado por ambas partes no tuviera efecto en tiempo que permita que el embarque de las tropas de los Estados Unidos se complete antes de que comience la estacion malsana en los puertos mexicanos del golfo de México; en tal caso, se hará un arreglo amistoso entre el Gobierno mexicano y el General en gefe do dichas tropas, y por medio de este arreglo se sefialarán lugares salubres y convenientes (que no disten de los puertos mas de treinta leguas) para que residan en ellos hasta la vuelta de la estacion sana las tropas que aun no se hayan embarcado. Y queda entendido que el espacio de tiempo de que aquí se habla, como comprensivo de la estacion malsana, extiende desde el dia primero de Mayo hasta el dia primero de Noviembre.

Todos los prisioneros de guerra tomados en mar ó tierra por ambas partes, se retituirán á la mayor brevedad posible despues del cange de las ratificaciones del presente tratado. Queda tambien convenido que si algunos mexicanos estuvieren ahora cautivos en poder de alguna tríbu salvaje dentro de los límites que por el siguiente artículo van á fijarse á los Estados Unidos, el Gobierno de los mismos Estados Unidos exigirá su libertad y los hará restituir á su pais.

Artículo V

La línea divisoria entre las dos Repúblicas comenzará en el golfo de México, tres leguas fuera de tierra frente á la desembocadura del Rio Grande, llamado por otro nombre Rio Bravo del Norte, ó del mas profundo de sus brazos, si en la desembocadura tuviere varios brazos; correrá por mitad de dicho rio, siguiendo el canal mas profundo, donde tenga mas de un canal, hasta el punto en que dicho rio corta el lindero meridional de Nuevo México; continuará luego hácia occidente por todo este lindero meridional (que corre al norte del pueblo llamado *Paso*) hasta su término por el lado de occidente: desde allí subirá la línea divisoria hácia el norte por el lindero occidental de Nuevo México, hasta donde este lindero esté cortado por el primer brazo del rio Gila, (y si no está cortado por ningun brazo del rio Gila, entónces hasta el punto del mismo lindero occidental mas cercano al tal brazo, y de allí en una línea recta al mismo brazo;) continuará despues por mitad de este brazo y-del rio Gila hasta su confluencía con el rio Colorado; y desde la confluencia de ambos rios la línea divisoria, cortando el Colorado, seguirá el límite que separa la Alta de la Baja California hasta el mar Pacífico.

Los linderos meridional y occidental de Nuevo México, se que habla este artículo, son los que se marcan en la carta titulada: *Mapa de los Estados Unidos de México segun lo organizado y definido por las varias actas del Congreso de dicha República, y construido por las mejores autoridades. Edicion revisada que publicó en Nueva York en 1847 J. Disturnell;* de la cual se agrega un ejemplar al presente tratado, firmado y sellado por los plenipotenciarios infrascriptos. Y para evitar toda dificultad al trazar sobre la tierra el límite que separa la Alta de la Baja California, queda convenido que dicho límite consistirá en una línea recta tirada desde la mitad dsel rio Gila en el punto donde se une con el Colorado, hasta un punto en la costa del mar Pacífico, distante una legua marina al sur del punto mas meridional del puerto de San Diego, segun este puerto está dibujado en el plano que levantó el año de 1782 el segundo piloto de la armada Española Don Juan Pantoja, y se publicó en Madrid el de 1802, en el átlas para el viaje de las goletas *Sutil y Mexicana:* del cual plano se agrega copia firmada y sellada por los plenipotenciarios respectivos.

Para consignar línea divisoria con la precision debida en mapas fehacientes, y para establecer sobre la tierra mojones que pongan á la vista los límites de ambas repúblicas, segun quedan descritos en el presente artículo, nombrará cada uno de los dos gobiernos un comisario y un agrimensor, que se juntarán antes del término de un año contado desde la fecha del cange de las ratificaciones de este tratado, en el puerto de San Diego, y procederán á señalar y demarcar la expresada linea divisoria en todo su curso hasta la desembocadura del Rio Bravo del Norte. Llevarán planos de sus operaciones; y el resultado convenido por ellos se tendrá la misma fuerza que si estuviese inserto en él; debiendo convenir amistosamente los dos gobiernos en el arreglo de cuanto necesiten estos individuos, y en la escolta respectiva que deban llevar, siempre que se necesario.

La línea divisoria que se establece por este artículo será religiosamente respetada por cada una de las dos Repúblicas, y ninguna variación se hará jamás en ella, sino de expreso y libre consentimiento de ambas naciones, otorgado legalmente por el gobierno general de cada una de ellas, con arreglo á su propia constitución.

Artículo VI

Los buques y ciudadanos de los Estados Unidos tendrán en todo tiempo un libre y no interrumpido tránsito por el rio Colorado desde su confluencia con el Gila, para sus posesiones y desde sus posesiones sitas al norte de la línea divisoria que queda marcada en el artículo precedente; entendiéndose que este tránsito se ha de hacer navegando por el golfo de California y por el Rio Colorado, y no por tierra, sin expreso consentimiento del Gobierno mexicano. Si por reconocimientos que se practiquen, se comprobáre la posibilidad y conveniencia de construir un camino, canal, ó ferrocarril, que en todo ó en partecorra sobre el rio Gila ó sobre alguna derecha ó izquierda en la latitud de una legua marina de uno ó de otro lado del rio, los gobiernos de ambas repúblicas se pondrán de acuerdo sobre su construccion á fin de que sirva igualmente para el uso y provecho de ambos países.

Artículo VII

Como el rio Gila y la parte del Rio Bravo del Norte que corre bajo el lindero meridional de Nuevo México se dividen por mitad entre las dos repúblicas, segun lo establecido en el artículo quinto, la navegacion en el Gila y en la parte que queda indicada del Bravo será libre y comun á los buques y ciudadanos de ambos países, sin que por alguno de ellos pueda haceerse (sin consentimiento del otro) ninguna obra que impida ó interrumpa en todo ó en parte el ejercicio de este derecho, ni aun con motivo de favorecer nuevos métodos de navegacion. Tampoco se podrá cobrar (sino el caso de desembarco en alguna de sus riberas) ningun impuesto ó contribuión bajoninguna denominacion ó título á los buques, efectos, mercancías ó personas que naveguen en dichos rios. Si para hacerlos ó mantenerlos navegables fuere necesario ó conveniente establecer alguna contribución ó impuesto, no podrá esto hacerse sin el consentimiento de los dos gobiernos. Las stipulaciones contenidas en el presente artículo dejan ilesos los derechos territoriales de una y otra república dentro de los límites que les quedan marcados.

Artículo VIII

Los Mexicanos establecidos hoy en territorios pertenecientes ántes á México, y que quedan para lo futuro dentro de los límites señalados por el presente tratado á los Estados Unidos, podrán permanecer en donde ahora habitan, ó trasladarse en cualquier tiempo á República mexicana, conservando en los indicados territorios los bienes que poseen, ó enagenándolos y pasando su valor á donde les convenga, sin que por esto pueda exigirseles ningun género de contribución, gravámen ó impuesto.

Los que prefieran permaneceren los indicados territorios, podrán conservar el título y derechos de ciudadanos mexicanos, ó adquirir el título y derechos de ciudadanos de los Estados Unidos. Mas la eleccion entre una y otra ciudanía deberán hacerla dentro de un año contado desde la fecha del cange de las retificaciones de este tratado. Y los que permanecieren en los indicados territorios despues de transcurrido el año, sin haber declarado su intencion de retener el carácter de mexicanos, se considerará que han elegido ser ciudadanos de los Estados Unidos.

Las propiedades de todo género existentes en los expresados tertitorios, y que pertenecen ahora á mexicanos no establecidos en ellos, serán respetadas inviolablemente. Sus actuales dueños, los herederos de estos, y los mexicanos que en lo venidero puedan adquirir por contrato las indicadas propiedades, disfrutarán respecto de ellas tan amplia garantia como si perteneciesen á ciudadanos de los Estados Unidos.

Artículo IX

Los mexicanos que en los territorios antedichos no conserven el carácter de ciudadanos de la República mexicana, segun lo estipulado en el artículo precedente, serán incorporados en la Union de los Estados Unidos y se admitirán en tiempo oportuno (á juicio del Congreso de los Estados Unidos) al goce de todos los derechos de ciudadanos de los Estados Unidos conforme á los principios de la Constitucion; y entretanto serán mantenidos y protegidos en el goce de su libertad y propiedad, y asegurados en el libre ejercicio de su religion sin restriccion alguna.

Artículo X

[Suprimido.]

Artículo XI

En atencion á que una gran parte de los territorios que por el presente tratado van á quedar para lo futuro dentro de los límites de los Estados Unidos, se halla actualmente ocupada por tríbus salvages, que han de estar en adelante bajo la exclusiva autoridad del gobierno de los Estados Unidos, y cuyas incursiones sobre los distritos Mexicanos serian en extremo perjudiales; está solemnemente convenido que el mismo gobierno de los Estados Unidos contendrá las indicadas incursiones por medio de la fuerza siempre que así sea necesario; y cuando no pudiere prevenirlas, castigará y escarmentará á los invasores, exigiéndoles ade mas la debida reparacion: todo del mismo modo, y con la misma diligencia y energía con que obraria, si las incursiones se hubiesen meditado ó ejecutado sobre territorios suyos ó contra sus propios ciudadanos.

An ningun habitante de los Estados Unidos será lícito, bajo ningun presto, comprar ó adquirir cautivo alguno, mexicano ó extrangero residente en México, apresado por los Indios habitantes en territorio sde cualquiera de las dos Repúblicas, ni los caballos, mulas, ganados, ó cualquiera otro género de cosas que hayan robado dentro del territorio mexicano.

U en caso de que cualquier persona ó personas cautivadas por los Indios dentro del territorio mexicano sean llevadas al territorio de los Estados Unidos, el gobierno de dichos Estados Unidos se compromete y liga de la manera mas solemne, en cuanto le sea posible, á rescatarlas y á restituirlas á su pais, ó entregarlas al agente ó representante del Gobierno mexicano; haciendo todo esto, tan luego como sepa que los dichos cautivos se hallan dentro de su territorio, y empleando al efecto el leal ejercicio de su influencia y poder. Las autoridades mexicanas darán á las de los Estados Unidos, segun sea practicable, una noticia de tales cautivos; y el agente mexicano pagará los gastos ergados en el mantenimiento y remision de los que se rescaten, los cuales entre tanto serán tratados con la mayor hospitalidad por las autoridades americanas del lugar en que se encuentren. Mas si el Gobierno de los Estados Unidos antes de recibir aviso de México, tuviera noticia por cualquiera otro conducto de existir en su territorio cautivos mexicanos, procederá desde luego á verificar su rescate y entrega al agente mexicano, segun queda convenido.

Con el objeto de dar á estas estipulaciones la mayor fuerza posible, y afianzar al mismo tiempo la seguridad y las reparaciones que exige el verdadero espíritu é intencion con que se han ajustado, el Gobierno de los Estados Unidos dictará sin inútiles dilaciones, ahora y en lo de adelante, las leyes que requiera la naturaleza del asunto, y vigilará siempre sobre su ejecución. Finalmente, el gobierno de los mismos Estados Unidos tendrá muy presente la santidad de esta obligación siempre que tenga que desalojar á los indios de cualquier punto de los indicados territorios, ó que establecer en él á ciudadanos suyos: y cuidará muy especialmente de que no se ponga á los indios que habitaban ántes aquel punto, en necesidad de buscar nuevos hogares por medio de las incursiones sobre los distritos mexicanos, que el gobierno de los Estados Unidos se ha comprometido solemnemente á reprimir.

Artículo XII

En consideracion á la estension que adquieren los límites de los Estados Unidos, segun quedan descritos en el artículo quinto del presente tratado, el Gobierno de los mismos Estados Unidos se compromete á pagar al de la República mexicana la suma de quince millones de pesos.

Inmediatamente despues que este tratado haya sido ratificado por el gobierno ede la República mexicana, se entregará al mismo Gobierno por él de los Estados Unidos, en la cuidad de México, y en moneda de plata ú oro del cuño mexicano, la suma de tres millones de pesos. Los doce millones de pesos restantes se pagarán en México, an moneda de plata ú oro del cuño mexicano, en abonos de tres millones de pesos cada año, con un rédito de seis por ciento anual: este rédito comienza á correr para toda la suma de los doce millones el dia de la ratificacion del presente tratado por el Gobierno mexicano, y con cada abono anual de capital se pagará el rédito que corresponda á la suma abonada. Los plazos para los abonos de capital corren desde el mismo dia que empiezan á causarse los réditos.

Artículo XIII

Se obliga ademas el Gobierno de los Estados Unidos á tomar sobre sí, y satisfacer cumplidamente á los reclamantes, todas las cantidades que hasta aquí se les deben y cuantas se venzan en adelante por razon de las reclamaciones ya liquidadas y sentenciadas contra la República mexicana conforme á los convenios ajustados entre ambas Repúblicas el once de Abril de mil ochocientos treinta y nueve, y el treinta de Enero de mil ochocientos cuarenta y tres; de manera absolutamente tendrá que lastar en lo venidero, por razon de los indicados reclamos.

Artículo XIV

Tambien exoneran los Estados Unidos á la República mexicana de todas las reclamaciones de ciudadanos de lod Estado Unidos no decididas aun contra el Gobierno mexicano, y que puedan haberse originado antes de la fecha de la firma del presente tratado: esta exoneracion es definitiva y perpetua, bien sea que las dichas reclamaciones se admitan, bien sea que se desechen por el tribunal de comisarios de que habla el artículo siguiente, y cualquiera que pueda ser el monto total de las que queden admitidas.

Artículo XV

Los Estados Unidos, exonerando á México de toda responsabilidad por las reclamaciones de sus ciudadanos mencionadas en el artículo precedente, y considerándolas completamente canceladas para siempre, sea cual fuére su monto, toman á su cargo satisfacerlas hasta una cantidad que no exceda de tres millones doscientos cincuenta mil pesos. Para fijar el monto y validez de estas reclamaciones, se establecerá por el Gobierno de los Estados Unidos un tribunal de comisarios, cuyos fallos serán definitivos y concluyentes, con tal que ál decidir sobre la validez de dichas reclamaciones, el tribunal se haya guiado y gobernado por los principios y replas de decision establecidos en los artículos primero y quinto de la convencion, no ratificada, que se ajustó en la ciudad de México el veinte de Noviembre de mil ochocientos cuarenta y tre: y en ningun caso se dará fallo en favor de ninguna reclam cion que no esté comprendida en las reglas y principios indicados.

Si en juicio del dicho tribunal de comisarios, ó en él de los reclamantes se nece-
sitare para la justa decision de cualquier reclamacion algunos libros, papeles de
archivo ó documentos que posea el Gobierno mexicano, ó que estén en su poder;
los comisarios, ó los reclamantes por conducto de ellos los pedirán por escrito
(dentro del plazo que designe el Congreso) dirigiéndos al Ministro mexicano de
Relaciones Exteriores, á quien transmitirá las peticiones de esta clase el Secretario
de Estado de los Estados Unidos: y el Gobierno mexicano se compromete á entre-
gar á la mayor brevedad posible, despues de recibida cada demanda, los libros,
papeles de archivo ó documentos, así especificados, que posea ó copias ó extrac-
tos auténticos de los mismos, con el objeto de que sean transmitidos al Secretario
de Estado, quien los pasará inmediatamente al expresado tribunal de comisarios.
Y no se hará peticion alguna de los enunciados libros, papeles ó documentos, por
ó á instancia de ningun reclamante, sin que antes se haya aseverado bajo juramento ó con afirmacion solemne la verdad de los hechos que con ellos se pretende
probar.

Artículo XVI

Cada una de las dos Repúblicas se reserva la completa facultad de fortificar todos
los puntos que para su seguridad estime convenientes en su propio territorio.

Artículo XVII

El tratado de amistad, comercio y navegacion, concluido en la ciudad de México
el cinco de Abril del año del Señor 1831, entre la República mexicana y los Estados Unidos de América, esceptuándose el artículo adicional y cuanto pueda haber
en sus estipulaciones incompatible con alguna de las contenidas en el presente
tratado, queda restablecido por el período de ocho años desde el dia del cange de
las ratificaciones del mismo presente tratado, con igual fuerza y valor que si estuviese inserto en él; debiendo entenderse que cada una de las partes contratantes se
reserva el derecho de poner término al dicho tratado de comercio y navegacion en
cualquier tiempo luego que haya expirado el período de los ocho años, comuni-
cando su intencion á la otra parte con un año de anticipacion.

Artículo XVIII

No se exigirán derechos ni gravámen de ninguna clase á los artículos tosdos que
lleguen para las tropas de los Estados Unidos á los puertos mexicanos ocupados
por elas, ántes de la evacuacion final de los mismo puertos, y despues de la
devolucion á México de las aduanas situadas en ellos. El Gobierno del los Estados Unidos se compromete á la vez, y sobre esto empeña su fé, á establecer y
mantener con vigilancia cuanto guards sean posibles para asegurar las rentas de
México, precaviendo la importacion, á la sombra de esta estipulacion, de cua-
lesquiera artículos que realmente no sean necesarios, ó que excedan en cantidad

de los que se necesiten para el uso y consumo de las fuerzas de los Estados Unidos mientras ellas permanezcan en México. A este efecto, todos los oficiales y agentes de los Estados Unidos tendrán obligacion de denunciar á las autoridades mexicanas en los mismos puertos, cualquier conato de fraudulento abuso de esta estipulacion que pudieren conocer ó tuvieren motivo de sospechar; así como de impartir á las mismas autoridades todo el auxilio que pudieren con este objeto: y cualquier conato de esta clase, que fuere legalmente probado, y declarado por sentencia de tribunal competente, será castigado con el comiso de la cosa que se haya intentado introducir fraudulentamente.

Artículo XIX

Respecto de los efectos, mercancías y propiedades importados en los puertos mexicanos durante el tiempo que han estado ocupados por las fuerzas de los Estados Unidos, sea por ciudadanos de cualquiera de las dos Repúblicas, sea por ciudadanos ó súbditos de alguna nacion neutral, se observarán las reglas siguientes:

I. Los dichos efectos, mercancías y propiedades siempre que se hayan importado ántes de la devolucion de las aduanas á las autoridades Mexicanas conforme á lo estipulado en el artículo tercero de este tratado, quedarán libres de la pena de comiso, auncuando sean de los prohibidos en el arancel mexicano.

II. La misma exencion gozarán los efectos, mercancías y propiedades que lleguen á los puertos mexicanos, despues de la devolucion á México de las aduanas marítímas, y antes de que expiren los sesenta dias que van áfijarse en el artículo siguiente para que empiece á regir el arancel mexicano en los puertos; debiendo al tiempo de su importacion sujetarse los tales efectos, mercancías y propiedades, en cuanto al pago de derechos, á lo que en el indicado siguiente artículo se establece.

III. Los efectos, mercancías, y propiedades designados en las dos reglas anteriores quedarán exentos de todo derecho , alcabala ó impuesto, sea bajo el título de internacion, sea cualquiera otro, mientras permanezcan en los puntos donde se hayan importado, y á su salida para el interior; y en los mismos puntos no podrá jamás exigirse impuesto alguno sobre su venta.

IV. Los efectos, mercancías y propiedades designados en las reglas primera y segunda que hayan sido internados á cualquier lugar ocupado por fuerzas de los Estados Unidos, quedarán exentos de todo derecho sobre su venta ó consumo, y de todo impuesto ó contribucion bajo cualquier título ó denominacion, mientras permanezcan en el mismo lugar.

V. Mas si algunos efectos, mercancías ó propiedades de los designados en las reglas primera y segunda se trasladaren á algun lugar no ocupado á la sazon por las fuerzas de los Estados Unidos; al introducirse á tal lugar, ó al venderse ó consumirse en él, quedarán sujetos á los mismo derechos que bajo las leyes mexicanas deberian pagar en tales casos si se hubieran importado en tiempo de paz por las aduanas marítímas, y hubiesen pagado en ellas los derechos que establece el arancel mexicano.

VI. Los dueños de efectos, mercancías y propiedades designados en las reglas primera y segunda, y existentes en algun puerto de México, tienen derecho rembarcarlos, sin que pueda exigírseles ninguna clase de impuesto, alcabala ó contribucion.

Respecto de los metales y de toda otra propiedad exportados por cualquier puerto Mexicano durante su ocupacion por las fuerzas americanas, y ántes de la devolucion de su aduana al Gobierno mexicano, no se exigirá á ninguna persona por las autoridades de México, ya dependan, del Gobierno general, ya de algun estado, que pague ningun impuesto, alcabala ó derecho por la indicada exportacion, ni sobre ella podrá exigírsele por las dichas autoridades cuenta alguna.

Artículo XX

Por consideracion á los intereses del comercio de todas las naciones, queda convenido que si pasaren menos de sesenta dias desde la fecha de la firma de este tratado hasta que se haga la devolucion de las aduanas marítimas, segun lo estipulado en el artículo tercero; todos los efectos, mercancías, y propiedades que lleguen á los puertos mexicanos desde el dia en que se verifique la devolucion de las dichas aduanas hasta que se completen sesenta dias contados desde la fecha de la firma del presente tratado, se admitirán no pagando otros derechos que los establecidos en la tarifa que esté vigente en las expresadas aduanas al tiempo de su devolucion, y se extenderán á dichos efectos, mercancías, y propiedades las mismas reglas establecidas en el artículo anterior.

Artículo XXI

Si desgraciadamente el el tiempo futuro se suscitare algun punto de desacuerdo entre los gobiernos de las dos Repúblicas, bien sea sobre la inteligencia de alguna estipulacion de este tratado, bien sobre cualquiera otra materia de las relaciones política ó comerciales de las dos naciones, los mismos Gobiernos, á nombre de ellas, se comprometen á procurar de la manera mas sincera y empeñosa á llanar las diferencias que se presenten y conservar el estado de paz y amistad en que ahora se ponen los dos países, usando al efecto de representaciones mútuas y de negociaciones pacíficas. Y si por estos medios no se lograre todavía ponerse de acuerdo, no por eso se apelará á represalia, agresion ni hostilidad de ningun género de una República contra otra, hasta que el Gobierno de la que se crea agraviada haya considerado maduramente y en espíritu de paz uy buena vecindad, si no seria mejor que la diferencia se terminara por un arbitramento de comisarios nombrandos por ambas partes, ó de una nacion amiga. Y si tal medio fuere propuesto por cualquiera de las dos partes, la otra accederá á él, á no ser que lo juzgue absolutamente incompatible con la naturaleza y circunstancias del caso.

Atrículo XXII

Si (lo que no es de esperarse, y Dios no permita) desqraciadamente se suscitare guerra entre las dos Repúblicas, éstas para el caso de tal calamidad se comprometen ahora solemnemente, ante sí mismas y anto el mundo, á observar las reglas siguientes de una manera absoluta, si la naturaleza del objeto á que se contraen lo permite; y tan estrictamente como sea dable en todos los casos en que la absoluta observancia de ellas fuere imposible:

I. Los comerciantes de cada una de las dos Repúblicas que á la sazon residan en territorio de la otra, podrán permanecer doce meses los que residan en el interior, y seis meses los que el interior, y seis meses los que residan en los puertos, para recoger sus deudas y arreglar sus negocios; durante estos plazos disfrutarán la misma proteccion, y estarán sobre el mismo pié en todos respectos que los ciudadanos ó súbditos de las naciones mas amigas; y al expirar el término, ó ántes de él, tendrán completa libertad para salir y llevar todos sus efectos sin molestia ó embarazo, sujetándose en este particular á las mismas leyes á que estén sujetos y deban arreglarse los ciudadanos ó súbditos de las naciones mas amigas. Cuando los ejércitos de una de las dos naciones entren en territorios de la otra mujeres y niños, los eclesiásticos, los estudiantes de cualquier facultad, los labradores, comerciantes, artesanos, manufactureros y pescadores que estén desarmados y residan en ciudades, pueblos ó lugares no fortificados, y en general todas las personas cuya ocupacion sirva para la comun subsistencia y beneficio del género humano, podrán continuar en sus ejercicios, sin que sus personas sean molestadas. No serán incendiadas sus casas o destruídas de otra manera; ni serán tomados sus ganados, ni devastados sus campos por la fuerza armada en cuyo poder puedan venir á caer por los acontecimientos de la guerra; pero si hubiere necesidad de tomarles alguna cosa para el uso de la misma fuerza armada, se les pagará lo tomado á un precio justo. Todas las iglesias, hospitales, escuelas, colegios, librerías, y demas establecimientos de caridad y beneficencia serán respetados; y todas las personas que dependan de los mismos serán protegidas en el desempeño de sus deberes y en la continuacion de sus profesiones.

II. Para aliviar la suerte de los prisioneros de guerra, se evitarán cuidadosamente las prácticas de enviarlos á distritos distantes, inclementes ó malsanos, ó de aglomerarlos en lugares estrechos y enfermizos. No se confinarán en calabozos, prisiones ni pontones; no se les aherrojará ni se les atará, ni se les impedirá se ningun otro modo el uso de sus miembros. Los oficiales que darán en libertad bajo su palabra de honor, dentro de distritos convenientes, y tendrán alojamientos cómodos, y los soldados rasos se colocarán en acantonamientos bastante despejados y extensos para la ventilacion y el ejercicio, y se alojarán en cuarteles tan amplios y cómodos como los que use para sus propias tropas la parte que los tenga en su poder. Pero si algun oficial faltare á su palabra, saliendo del distrito que se le ha señalado; ó algun otro prisionero se fugare de los límites de su acantonamiento despues que estos se le hayan fijado, tal oficial ó prisionero perderá el beneficio del presente artículo por lo que mira á su libertad bajo su palabra ó en acantonamiento. Y si algun oficial faltando así á su palabra, ó algun soldado raso saliendo de los límites que se le han asignado, fuere encontrado despues con las armas en la mano antes de ser debidamente cangeado, tal persona en esta actitud ofensiva será tratada conforme á las leyes comunes de la guerra. A los oficiales se proveerá diariamente por la parte en cuyo poder estén, de tantas raciones compuestas de los mismos artículos como las que gozan en especie ó en equivalente los oficiales de la misma graduacion en su propio ejército: á todos los demas prisioneros se proveerá diariamente de una racion semejante á la que se ministra al soldado raso en su propio servicio: el valor de todas estas suministraciones se pagará por la otra parte al concluirse la guerra, ó en los períodos que se convengan entre sus respectivos comandantes, precediendo una mútua liquidacion de las cuentas que se lleven del mantenimiento de prisioneros: y tales cuentas no se mezclarán ni compensarán con otras; ni el saldo que resulte de ellas se reusará bajo pretexto de compensacion ó represalia por cualquiera causa, real ó figurada. Cada una de las partes podrá mantener un comisario de prisioneros nombrado por ella misma en cada acantonamiento de los prisioneros que estén en poder de la otra parte: este comisario visitará á los prisioneros siempre que quiera; tendrá facultad de recibir, libres de todo derecho ó impuesto, y de distribuir todos los auxilios que pueden enviarles sus amigos, y podrá libremente transmitir sus partes en cartas abiertas á la autoridad por la cual está empleado.

Y se declara que ni el prextexto de que la guerra destruye los tratados, ni otra alguno, sea él que fuere, se considerará que anula ó suspende el pacto solemne contenido en este artículo. Por el contrario, el estado de guerra es cabalmente él que se ha tenido presente al ajustarlo, y durante el cual sus estipulaciones se han de observar tan santamente como las obligaciones mas reconocidas de la ley natural ó de gentes.

Artículo XXIII

Este tratado será ratificado por el Presidente de la República mexicana, previa la aprobacion de su Congreso general; y por el Presidente de los Estados Unidos de América con el consejo y consentimiento del Senado; y las ratificaciones se cangearan el la ciudad de Washington, ó donde estuviere el Gobierno mexicano, á los cuatro meses de la fecha de la firma del mismo tratado, ó ántes si fuere posible. En fé de lo cual, nosotros los respectivos plenipotenciarios hemos firmado y sellado por quintuplicado este tratado de paz, amistad, límites y arreglo definitivo, en la ciudad de Guadalupe Hidalgo, el dia dos de Febrero del año de nuestro Señor mil achocientos cuarenta y ocho.

los cuatro meses de la fecha de la firma del mismo tratado, ó ántes si fuere posible.

En fé de lo cual, nosotros los respectivos plenipotenciarios hemos firmado y sellado por quintuplicado este tratado de paz, amistad, límites y arreglo definitivo, en la ciudad de Guadalupe Hidalgo, el dia dos de Febrero del año de nuestro Señor mil achocientos cuarenta y ocho.

Bernardo Couto.   [L. S.]
Migl. Atristain.   [L. S.]
Luis G. Cuevas.   [L. S.]
N. P. Trist.   [L. S.]

THE ORIGINAL TEXT OF ARTICLES IX AND X
OF THE TREATY OF GUADALUPE HIDALGO

Article IX

The Mexicans who, in the territories aforesaid, shall not preserve the character of citizens of the Mexican Republic, conformably with what is stipulated in the preceding Article, shall be incorporated into the Union of the United States, and admitted as soon as possible, according to the principles of the Federal Constitution, to the enjoyment of all the rights of citizens of the United States. In the mean time, they shall be maintained and protected in the enjoyment of their liberty, their property, and the civil rights now vested in them according to the Mexican laws. With respect to political rights, their condition shall be on an equality with that of the inhabitants of the other territories of the United States; and at least equally good as that of the inhabitants of Louisiana and the Floridas, when these provinces by transfer from the French Republic and the Crown of Spain, became territories of the United States.

The same most ample guaranty shall be enjoyed by all ecclesiastics and religious corporations or communities, as well in the discharge of the offices of their ministry, as in the enjoyment of their property of every kind, whether individual or corporate. This guaranty shall embrace all temples, houses and edifices dedicated to the Roman Catholic worship; as well as all property destined to its support, or to that of schools, hospitals and other foundations for charitable or beneficent purposes. No property of this nature shall be considered as having become the property of the American Government, or as subject to be, by it, disposed of or diverted to other uses.

Finally, the relations and communication between the Catholics living in the territories aforesaid, and their respective ecclesiastical authorities, shall be open, free and exempt from all hindrance whatever, even although such authorities should reside within the limits of the Mexican Republic, as defined by this treaty; and this freedom shall continue, so long as a new demarcation of ecclesiastical districts shall not have been made, conformably with the laws of the Roman Catholic Church.

Article IX

All grants of land made by the Mexican government or by the competent authorities, in territories previously appertaining to Mexico, and remaining for the future within the limits of the United States, shall be respected as valid, to the same extent that the same grants would be valid if the said territories had remained within the limits of Mexico. But the grantees of lands in Texas, put in possession thereof, who, by reason of the circumstances of the country since the beginning of the troubles between Texas and the Mexican government, may have been prevented from fulfilling all the conditions of their grants, shall be under the obligation to fulfil the said conditions within the periods limited in the same respectively; such periods to be now counted from the date of the exchange of ratification of this treaty; in default of which, the said grants shall not be obligatory upon the state of Texas, in virtue of the stipulations contained in this article.

The foregoing stipulation in regard to grantees of land in Texas is extended to all grantees of land in the territories aforesaid, elsewhere than in Texas, put in possession under such grants; and, in default of the fulfilment of the conditions of any such grant within the new period, which, as is above stipulated, begins with the day of the exchange of ratifications of this treaty, the same shall be null and void.

The Mexican government declares that no grant whatever of lands in Texas has been made since the second day of March, one thousand eight hundred and thirty six; and that no grant whatever of lands, in any of the territories aforesaid, has been made since the thirteenth day of May, one thousand eight hundred and forty-six.

EL TEXTO ORIGINAL DE LOS ARTICULOS IX Y X
DE TRATADO DE GUADALUPE HIDALGO

Artículo IX

Los Mexicanos que, en los territorios antedichos, no conserven el caracter de ciudadanos de la República Mexicana, segun lo estipulado en el artículo precedente, serán incorporados en la Union de los Estados-Unidos, y se admitirán en tiempo oportuno juicio del Congreso de los Estado-Unidos conforme á los principios de la constitucion; y entretanto serán mantenidos y proteqidos en el goce de su libertad y propiedad, y asegurados en el libre ejercicio de su religion sin restriccion alguna.

Artículo X

Todas las concesiones de tierra hechas por el gobierno mexicano ó por las autoridades competentes, en territorios que pertenecieron antes á México y quedan para lo futuro dentro de los limites de los Estados-Unidos, serán respetadas como válidas, con la misma estension con que lo serian si los indicados territorios permanecieran dentro de los limites de México. Pero los concesionarios de tierras en Tejas que hubieren tomado posesion de ellas, y que por razon de las circunstancias del pais desde que comenzaron las desavenencias entre el gobierno mexicano y Tejas, hayan estado impedidos de llenar todos las condiciones de sus concesiones, tendrán obligacion de cumplir las mismas condiciones dentro de los plazos señalados en aquelias respectivamente, pero contados ahora desde la fecha del cauge de las ratificaciones de este tratado; por falta de lo cual las mismas concesiones no serán obligatorias para el Estado de Tejas, en virtud de las estipulaciones contenidas en este artículo.

La anterior estipulacion respecto de los concesionarios de tierras en Tejas, se estiende á todos los concesionarios de tierras en los indicados territorios fuera de Tejas, que hubieren tomado posesion de dichas concesiones; y por falta de cumplimiento de las condiciones de alguna de aquellas, dentro del nuevo plazo que empieza á corre el dia cange de las ratificacionees del presente tratado, segun lo estipulado arriba, serán las mismas concesiones nulas y de ningun valor.

El gobierno mexicano declara que no se ha hecho ninguna concesion de tierras en Tejas dessde el dia 2 de Marzo de mil ochocientos treinta y seis, y tampoco se ha hecho ninguna en los otros territorios mencionados despues del trece de Mayo de mil ochocientos cuarenta y seis.

SUGGESTED READINGS

Acuña, Rudolfo. *Occupied America: A History of Chicanos.* 3rd edition. New York: Prentice Hall, 1987.

Bauer, K. Jack. *The Mexican War: 1846-1848.* New York: Macmillan Co., 1974.

Balderrama, Francisco E. and Raymont Rodriguez. *Decade of Betrayal: Mexican Repatriation in the 1930s.* Albuquerque: University of New Mexico, 1995.

Billington, Ray Allan. *Westward Expansion: A History of the American Frontier.* 4th edition. New York: Macmillan Company, 1974.

Brack, Gene M. *Mexico Views Manifest Destiny, 1821-1846: An Essay on the Origins of the Mexican War.* Albuquerque: University of New Mexico Press, 1975.

Cockcroft, James. *The Hispanic Struggle for Social Justice.* New York: Watts, 1994.

Cutter, Donald and Iris Engstrand. *Quest for Empire: Spanish Settlement in the Southwest.* Golden, Colorado: Fulcrum Publishing, 1996.

de Leon, Arnoldo. *They Called Them Greasers: Anglo Attitudes toward Mexicans in Texas, 1821-1900.* Austin: University of Texas Press, 1983.

DePalo, Jr., William A. *The Mexican National Army, 1851-1852.* College Station: Texas A&M University Press, 1997.
Drawing the Borderline: Artist-Explorers of the U.S.-Mexico Boundary Survey. Albuquerque: The Albuquerque Museum, 1996.

Engstrand, Iris H. W. "California Ranchos: Their Hispanic Heritage." *Southern California Quarterly,* XLVII (Fall 1985): 281-290.

Griswold del Castillo, Richard. *The Los Angeles Barrio, 1850-1890: A Social History.* Berkeley and Los Angeles: University of California Press, 1979.

————. *The Treaty of Guadalupe Hidalgo: A Legacy of Conflict.* Norman: University of Oklahoma Press, 1990.

Griswold del Castillo, Richard and Arnoldo De Léon. *North to Aztlan: A History of Mexican Americans in the United States.* New York: Twayne,1996.

Haas, Lisbeth. *Conquests and Historical Identities in California, 1769-1936.* Berkeley: University of California Press, 1995.

Hague, Harlan and David J. Langum. *Thomas O. Larkin: A Life of Patriotism and Profit in Old California.* Norman: University of Oklahoma Press, 1990.

Harlow, Neal. *California Conquered: The Annexation of a Mexican Province 1846-1850.* Berkeley and Los Angeles: University of California Press, 1982.

Hurtado, Albert L. *Indian Survival on the California Frontier.* New Haven and London: Yale University Press, 1988.

Krauze, Enrique. *Mexico: Biography of Power: A History of Modern Mexico, 1810-1996.* Translated by Hank Heifetz. New York: HarperCollins Publishers, 1997.

Langley, Lester. *Mexico and the United States: The Fragile Relationship.* Boston: Twayne Publishers, 1991.

Langum, David. *Law and Community on the Mexican California Frontier: Anglo-American Expatriates and the Clash of Legal Traditions, 1821-1846.* Norman: University of Oklahoma Press, 1987.

Martinez Caraza, Leopoldo. *La intervención norteamericana en México, 1846-1848.* Mexico, D.F.: Panorama Editorial, S.A., 1981.

Martinez, Oscar. *Troublesome Border.* Tuscon: University of Arizona Press, 1988.

McWilliams, Carey. *North from Mexico: The Spanish Speaking People of the United States.*

New edition updated by Matt S. Meier. New York: Praeger, 1990.

Meyer, Michael C. and William L. Sherman. *The Course of Mexican History*. New York and Oxford: The Oxford University Press, 1994.

Montejano, David. *Anglos and Mexicans in the Making of Texas, 1836-1986*. Austin: University of Texas Press, 1987.

Muñoz, Jr., Carlos. *Youth, Identity, Power: The Chicano Movement*. London and New York: Verso Press, 1989.

Olivera, Ruth R and Liliane Crété. *Life in Mexico Under Santa Anna, 1822-1855*. Norman: University of Oklahoma Press, 1991.

Osio, Antonio Maria. *The History of Alta California: A Memoir of Mexican California*. Translated by Rose Marie Beebe and Robert M. Senkewicz. Madison: The University of Wisconsin Press, 1996.

Pitt, Leonard. *The Decline of the Californio: A Social History of the Spanish-Speaking Californians, 1846-1890*. Berkeley and Los Angeles: University of California Press, 1966.

Price, Glenn W. *Origins of the Mexican War: The Polk-Stockton Intrigue*. Austin: University of Texas Press, 1967.

Riding, Alan. *Distant Neighbors: A Portrait of the Mexicans*. New York: Alfred A. Knopf, 1985.

Robinson, Cecil, ed. *Mexico and the Hispanic Southwest in American Literature*. Tucson: University of Arizona Press, 1977.

Rolle, Andrew F. *John Charles Frémont: Character as Destiny*. Norman: University of Oklahoma Press, 1991.

Ruiz, Ramon Eduardo. *The Mexican War: Was It Manifest Destiny?* New York: Holt, Rhinehart and Winston, 1963.

—————. *Triumphs and Tragedy: A History of the Mexican People*. New York: W. W. Norton, 1992.

Sanchez, George I. *Becoming Mexican American: Ethnicity, Culture, and Identity in Chicano Los Angeles, 1900-1945*. New York: Oxford University Press, 1993.

Spicer, Edward H. *Cycles of Conquest. The Impact of Spain, Mexico, and the United States on the Indians of the Southwest, 1533-1960*. Tucson: The University of Arizona Press, 1976.

Vázquez, Josefina Zoraida and Lorenzo Meyer. *The United States and Mexico*. Chicago and London: University of Chicago Press, 1985.

Weber, David. *The Mexican Frontier, 1821-1846: The American Southwest Under Mexico*. Albuquerque: University of New Mexico Press, 1982.

—————. *The Spanish Frontier in North America*. New Haven: Yale University Press, 1992.

White, Richard. *"It's Your Misfortune and None of My Own": A New History of the American West*. Norman: University of Oklahoma Press, 1991.

LECTURAS SUGERIDAS

Acuña, Rudolfo. *Occupied America: A History of Chicanos.* 3ra edición. Nueva York: Prentice Hall, 1987.

Bauer, K. Jack. *The Mexican War: 1846-1848.* Nueva York: Macmillan Co., 1974.

Balderrama Francisco E. y Raymont Rodríguez. *Decade of Betrayal: Mexican Repatriation in the_1930s.* Albuquerque: Universidad de Nuevo México, 1995.

Billington, Ray Allan. *Westward Expansion: A History of the American Frontier.* 4ta. edición. Nueva York: Macmillan Company, 1974.

Brack, Gene M. *Mexico Views Manifest Destiny, 1821-1846: An Essay on the Origins of the_Mexican War.* Albuquerque: University of New Mexico Press, 1975.

Cockcroft, James. *The Hispanic Struggle for Social Justice.* Nueva York: Watts, 1994.

Cutter, Donald e Iris Engstrand. *Quest for Empire: Spanish Settlement in the Southwest.* Golden, Colorado: Fulcrum Publishing, 1996.

de León, Arnoldo. *They Called Them Greasers: Anglo Attitudes toward Mexicans in Texas, 1821-1900.* Austin: University of Texas Press, 1983.

DePalo, Jr., William A. *The Mexican National Army, 1851-1852.* College Station: Texas A&M University Press, 1997.

Drawing the Borderline: Artist-Explorers of the U.S.-Mexico Boundary Survey. Albuquerque: The Albuquerque Museum, 1996.

Engstrand, Iris H.W. "California Ranchos: Their Hispanic Heritage." *Southern California_Quarterly,* XLVII (Otoño de 1985): 281-290.

Griswold del Castillo, Richard. *The Los Angeles Barrio, 1850-1890: A Social History.* Berkeley y Los Angeles: University of California Press, 1979.

The Treaty of Guadalupe Hidalgo: A Legacy of Conflict. Norman: University of Oklahoma Press, 1990.

Griswold del Castillo, Richard y Arnoldo de León. *North to Aztlan: A History of Mexican Americans in the United States.* Nueva York: Twayne, 1996.

Haas, Lisbeth. *Conquests and Historical Identities in California,* 1769-1936. Berkeley: University of California Presss, 1995.

Hague, Harlan y David J. Langum. *Thomas O. Larkin: A Life of Patriotism and Profit in Old_California.* Norman: University of Oklahoma Press, 1990.

Harlow, Neal. *California Conquered: The Annexation of a Mexican Province 1846-1850.* Berkeley y Los Angeles: University of California Press, 1982.

Hurtado, Albert L. *Indian Survival on the California Frontier.* New Haven y Londres: Yale University Press, 1988.

Krauze, Enrique. *Mexico: Biography of Power: A History of Modern Mexico, 1810-1996.* Traducido por Hank Heifetz. Nueva York: HarperCollins Publishers, 1997.

Langley, Lester. *Mexico and the United States: The Fragile Relationship.* Boston: Twayne Publishers, 1991.

Langum David. *Law and Community of the Mexican California Frontier: Anglo-American Expatriates and the Clash of Legal Traditions, 1821-1846.* Norman: University of Oklahoma Press, 1987.

Martínez Caraza, Leopoldo. *La intervención norteamericana en México, 1846-1848.* México D.F.: Panorama Editorial, S.A., 1981.

Martínez, Oscar. *Troublesome Border*. Tucson: University of Arizona Press, 1988.

McWilliams, Carey. *North from Mexico: The Spanish Speaking People of the United States*. Nueva edición actualizada por Matt S. Meier. Nueva York: Praeger, 1990.

Meyer, Michael C. y William L. Sherman. *The Course of Mexican History*. Nueva York y Oxford: The Oxford University Press, 1994.

Montejano, David. *Anglos and Mexicans in the Making of Texas, 1836-1986*. Austin: University of Texas Press, 1987.

Muñoz, Jr., Carlos. *Youth, Identity, Power: The Chicano Movement*. Londres y Nueva York: Verso Press, 1989.

Olivera, Ruth R y Liliane Crété. *Life in Mexico Under Santa Anna, 1822-1855*. Norman: University of Oklahoma Press, 1991.

Osio, Antonio María. *The History of Alta California: A Memoir of Mexican California*. Traducido por Rose Marie Beebe y Robert M. Senkewicz. Madison: The University of Wisconsin Press, 1996.

Pitt, Leonard. *The Decline of the Californios: A Social History of the Spanish-speaking Californians, 1846-1890*. Berkeley y Los Angeles: University of California Press, 1966.

Price, Glenn W. *Origins of the Mexican War: The Polk-Stockton Intrigue*. Austin: University of Texas Press, 1967.

Riding, Alan. *Distant Neighbors: A Portrait of the Mexicans*. Nueva York: Alfred A. Knopf, 1985.

Robinson, Cecil ed. *Mexico and the Hispanic Southwest in American Literature*. Tucson: University of Arizona Press, 1977.

Rolle, Andrew F. *John Charles Frémont: Character as Destiny*. Norman: University of Oklahoma Press, 1991.

Ruiz, Ramón Eduardo. *The Mexican War: Was it Manifest Destiny?* Nueva York: Holt, Rhinehart & Winston, 1963.

—————. *Triumphs and Tragedy: A History of the Mexican People*. Nueva York: W. W. Norton, 1992.

Sánchez, George I. *Becoming Mexican American: Ethnicity, Culture, and Identity in Chicano Los Angeles, 1900-1945*. Nueva York: Oxford University Press, 1993.

Spicer, Edward H. *Cycles of Conquest. The Impact of Spain, Mexico, and the United States on the Indians of the Southwest, 1533-1960*. Tucson: The University of Arizona Press, 1976.

Vázquez, Josefina Zoraida y Lorenzo Meyer. *The United States and Mexico*. Chicago y Londres: University of Chicago Press, 1985.

Weber, David. *The Mexican Frontier, 1821-1846: The American Southwest Under Mexico*. Albuquerque: University of New Mexico Press, 1982.

—————. *The Spanish Frontier in North America*. New Haven: Yale University Press, 1992.

White, Richard. *"It's Your Misfortune and None of My Own": A New History of the American West*. Norman: University of Oklahoma Press, 1991.

CONTRIBUTORS

Iris H. Wilson Engstrand, Professor of History at the University of San Diego, has published extensively on Spanish colonialism in the American Southwest and on Southern California history. Her most recent books include *Quest for Empire: Spanish Settlement in the Southwest*, co-written with Donald Cutter, and *Documents for the History of California and the West*.

Richard Griswold del Castillo, Professor of Mexican American Studies at San Diego State University, has written several books, including *The Treaty of Guadalupe Hildago: A Legacy of Conflict*, *Mi Famila* and, with Richard A. Garcia, *César Chávez: A Triumph of Spirit*.

Elena Poniatowska is a well-known journalist and literary writer who lives and works in Mexico City. Her published works include *Tinisima*, *Nada Nadil*, and *La Noche de Tlatelolco*.

CONTRIBUIDORES

Iris H. Wilson Engstrand, Profesora de Historia en la Universidad de San Diego, ha publicado numerosas obras sobre el colonialismo español del suroeste americano y sobre la historia del sur de California. Sus obras más recientes incluyen: *Quest for Empire: Spanish Settlement in the Southwest,* corredactado con Donald Cutter, y *Documents for the History of California and the West.*

Richard Griswold del Castillo, Profesor de Estudios Mexicoamericanos en la Universidad Estatal de San Diego, ha escrito varias obras, entre las que se incluyen: *The Treaty of Guadalupe Hidalgo: A Legacy of Conflict, Mi Famila* y con Richard A. García, *César Chávez: A Triumph of Spirit.*

Elena Poniatowska es una periodista y escritora literaria muy conocida que vive en la Ciudad de México. Sus obras publicadas incluyen: *Tinisima, Nada Nadil, y La Noche de Tlatelolco.*